KB059417

팬데믹과
한국 사회의 대전환

일러두기

본 좌담회는 2020년 12월에 진행되었지만 독자들의 이해와 현장감을 살리기 위해 본문 내용은
2021년 4월의 상황을 감안해 편집했습니다.

청암 박태준 포스코 명예회장
10주기 추모 학술 연구

팬데믹과
한국 사회의
대전환

포스텍 박태준미래전략연구소 엮음

비전코리아

인사말

안녕하십니까? 이러한 의례적 인사가 모든 사람들의 가슴에 더욱 와 닿는 시대인 것 같습니다.

전 세계를 강타한 코로나19 바이러스 감염병 대유행으로 수억 명의 감염자와 수백만 명의 사망자가 발생하는 전대미문의 재난 속에 지구촌 전체가 인류 역사상 큰 전환점을 맞고 있습니다. 현재 세계 각국이 치열한 코로나 방역 사투에 이어 백신 및 치료제 개발, 확보, 보급 등 총성 없는 전쟁에 전력투구하고 있습니다. 하지만 언제쯤 우리 인류가 닥쳐온 난국을 함께 극복하고 이 팬데믹 터널의 길고 긴 끝자락을 볼 수 있을지, 아직은 가늠하기조차 힘듭니다.

아마도 우리 인류가 숙명적으로 마주칠 냉엄한 현실은 이번 팬데믹이 일부 낙관론자들의 예상보다 더 오래 지속될 것이며, 현재도, 그리고 미래도 우리는 코로나19 바이러스와 더불어 살아갈 전망이라는 것입니다. 현재 세계적으로 사회적 거리두기와 이동 제한 등 엄격한 방역을 위한 다양한 통제 조치들과 이미 진행되고 있던 디지털 전환이 맞물려 더욱 가속화된 비대면 방식의 삶과 일자리 변화 확산은 사람들 사이의 전통적인 관계와 인간 사회 전체의 오랜 작동 메커니즘에도 엄청난 충격을 주었습니다. 처음에 다소 생경했던 변화는 각 개인의 삶과 사회 속으로 더욱 빠르고 깊숙하게 침투하여 미래 사회에 보편화, 상수화가 이루어질 전망입니다.

21세기에 접어들어 4차 산업혁명, 인공지능(AI) 등 과학기술 및 ICT 혁신이 가속화하며 편리한 삶과 풍요로운 미래에 대한 기대감도 커지고 있습니다. 하지만 과학기술 및 ICT 혁신은 포스트코로나 시대에 카오스의 날갯짓처럼 더욱 증폭되어 미래가 더욱 복잡 다양하고 불확실한 양상으로 전개될 전망입니다. 이 뉴노멀의 시대가 궁극적으로 어떻게 자리 잡을지 예측하긴 쉽지 않지만, 빛과 그림자가 더욱 뚜렷하게 대비되는 세상 속에서도 사람들이 함께 살아가며, 올바른 방향으로 더 나은 미래를 설계해나갈 수 있다고 믿습니다.

뉴노멀을 향한 시대의 갈림길에 서서 저자들은 다시금 인간, 사회, 그리고 세상에 대한 근원적인 질문들을 던집니다. 과연 인간과 사회란 무엇인가? 당신의 자유는 안전한가? 팬데믹 시대의 진실은 과연 무엇인가? 비대면과 양극화 시대에 우리 사회는 어떻게 대응해야 하는가? 인류 역사의 맥락에서 그리고 올바른 미래를 위해 어떻게 팬데믹을 극복해야 하는가? 지구촌 전체의 지속 가능한 미래는 가능한가? 21세기 들어 처음으로 맞닥뜨린 다중 위기와 격변의 시대를 살아가야 할 우리는 이러한 질문에 대한 해답이 궁금합니다.

박태준미래전략연구소는 지난 8년간 미래 전략에 대한 꾸준한 연구를 수행하며 그 결과를 연례 포럼과 함께 공유해왔습니다. 작년에 코로나19 팬데믹이 예고도 없이 닥쳤지만, 이로 인해 이번 연구의 주제도 '코로나로 인한 한국 사회의 변화와 미래 대비'에 자연스럽게 초점을 맞추게 되었습니다. 따라서 연구소는 〈팬데믹과 한국 사회의 대전환〉이라는 주제로 우리나라의 대표 석학 다섯 분을 모시고, 비대면 시대에 걸맞게 온라인 형식으로 5부에 걸쳐 좌담회를 진행하게 되었습니다.

박태준미래전략연구소는 포스코 창립 회장이자 포스텍 설립 이사장이셨던 고(故) 청암 박태준 선생의 유지를 기리는 사람들의 열망을 모아서 2013년에 창립되었습니다. 올해 청암의 서거 10주기를 맞아 우리 연구소가 고인에 대한 심심한 추모의 마음을 담아 이 좌담회 내용을 편집, 책으로 발간하게 된 것은 매우 시의적절하다고 생각합니다. 돌아보면 청암 선생은 평생 제철보

국과 교육보국의 정신을 바탕으로 우리나라의 다가올 미래를 대비하고자 하셨습니다. 우리 연구소는 이러한 청암 선생의 유지를 받들어 다가오는 미래 사회의 모습을 조망하고 더 나은 미래로 나아가는 전략을 수립하기 위하여 지금까지 다양한 사람들의 뜻과 지혜를 모아가고 있습니다.

포스트코로나 시대, 그 이후 전개될 새로운 미래와 더욱 짙어지는 인간과 사회의 명암에 대해 독자 여러분께서도 여러모로 기대와 우려가 교차하시리라 짐작됩니다. 이 책에 참여하신 당대의 대표 석학들도 독자들과 비슷한 고민을 공유해왔고, 이를 진솔한 대화와 토론을 통해 펼쳐낸 이야기가 여러분 모두 팬데믹의 파고를 건강하고 슬기롭게 헤쳐나가는데 데 작게나마 도움이 되길 바랍니다.

특히 이 책이 성공적으로 마무리될 수 있도록 새로운 실험과 도전적인 과정에 적극 동참해주신 이진우 교수님을 포함한 다섯 분의 석학들과 본 연구소 소속 연구원들의 열정적인 헌신에 대해 이 자리를 빌려 깊은 감사를 드립니다.

김승환(포스텍 박태준미래전략연구소 소장)

차례

인사말 **4**

1장 당신의 자유는 안전한가? 11
이진우(포스텍 석좌교수)

2장 시장경제의 구조적 변화와 민주주의의 위기 53
김병연(서울대 경제학과 교수)

3장 역사 속 위기 81
주경철(서울대 서양사학과 교수)

4장 팬데믹으로 가속화된 양극화 113
한준(연세대 사회학과 교수)

5장 인지적 혼란과 탈진실 145
장대익(서울대 자유전공학부 교수)

1장

당신의 자유는 안전한가?

이진우
포스텍 석좌교수

이진우
포스텍 석좌교수

안녕하십니까? '팬데믹과 한국 사회의 대전환'이라는 주제로 진행되는 좌담회의 첫 번째 발표를 맡게 된 포스텍 이진우입니다.

지난 2년 동안 팬데믹은 우리에게 크나큰 고통을 주었습니다. 그리고 앞으로도 쉽게 끝나기 어려운 심각한 도전이 되었습니다. 제가 철학을 전공하다 보니 말, 즉 언어에 큰 관심이 있는데요. 팬데믹의 개념을 먼저 정확히 알고 넘어가야 이후의 논의가 좀 더 분명해질 것 같습니다.

팬데믹은 세계보건기구(WHO)에서 제시한 전염병의 위험도 가운데 최고 경보 상태인 6단계를 의미하는 말입니다. 그 단계를 소개하면 다음과 같습니다.

1단계 : 동물 사이에서 한정된 전염

2단계 : 소수의 사람에게 전염될 가능성

3단계 : 사람 간 전염 증가

4단계 : 급속한 사람 간의 전염으로 인한 대유행 초기 단계

5단계 : 대륙 내 최소 2개국 이상 전염

6단계 : 5단계를 넘어 다른 권역의 국가에도 발생

사람들이 대량으로 희생되는 전염병이 발생한 6단계를 '팬데믹(pandemic)'이라고 표현합니다. 그리스어 '판데모스(pandemos)'에서 따온 말인데, 판(pan)은 '모두'를 의미하고 데모스(deoms)는 '인구'를 뜻합니다. 중세 유럽을 휩쓸었던 흑사병이나 100만 명의 생명을 앗아간 홍콩 독감이 대표적인 사례라고 할 수 있습니다.

팬데믹으로 기록된 것 가운데 가장 오래된 것은 기원전 430년경 아테네에서 발생한 역병이라고 합니다. 당시 인구의 4분의 1이 숨졌다고 기록된 것을 보면 정말 무서운 질병들이 인류와 늘 함께했다고 해도 과언이 아닙니다. 그렇기 때문에 팬데믹은 국제 정치와 국제 안보 측면에서도 눈여겨볼 수밖에 없는 용어이자 개념입니다. 크게는 안보 위협으로까지 느껴지기 때문입니다.

팬데믹은 사이버 테러나 불법 이민, 마약 거래, 해적, 테러리즘 등과 함께 글로벌 수준에서 시장경제를 교란하는 큰 위협입니다. 동시에 국제질서 자체에 대한 위협이기도 합니다. 전 세계에서 지금 코로나로 인해 생계를 위협받는 사람들이 늘고 있으며, 삶의 모든 패러 다임이 바뀌는 과정에 적응하지 못하며 우왕좌왕하고 있습니다. 이 모든 것이 지속 가능한 안정적 삶을 위협하는 중대한 위기를 불러일 으키고 있습니다. 왜 이런 일을 당하는지도 모른 채 휩쓸리고 있다고 나 할까요?

지금 이 자리는 그렇기 때문에 팬데믹이 우리에게 던지는 의미 가 무엇인지 생각해보는 시간입니다. 저는 일단 자유와 안전의 관계 에 관해 여러분들과 함께 고민해보고자 합니다.

당신의 자유는 안전한가?

이것이 제가 던지는 질문입니다. 제 발표의 내용을 관통하고 있 는 핵심 명제를 놓고 먼저 시작해보겠습니다.

미국 건국의 아버지 벤자민 프랭클린이 이런 말을 했습니다.

"일시적인 안전을 위해 자유를 포기하는 자는 자유나 안전을 얻을 자격이 없다."

우선 이 문제를 다음의 네 가지 명제로 다뤄보려고 합니다.

첫째 : 코로나19보다 더 위험한 것은 코로나19에 대한 우리의 태도다.

둘째 : 안전제일주의는 리바이어던을 부활시킨다.

셋째 : 리바이어던 방역 국가는 디지털 감시사회를 초래한다.

넷째 : 일시적 안전을 위해 자유를 포기하면 결국 안전마저도 위태롭게 된다.

그럼 이 명제들을 하나하나 살펴보겠습니다.

첫 번째는 코로나19보다 더 위험한 것은 도대체 무엇이 있을까요? 혹자는 핵전쟁, 지진이나 태풍과 같은 자연재해 등을 먼저 꼽을지 모르겠습니다. 그러나 그런 것들은 당장 인류에게 재앙을 입히거나 위협이 되지 않습니다. 대개는 국지적이고 제한적인 위협이지요. 온 인류가 두려워할 만한 위험성을 갖고 있진 않습니다.

반면 코로나19는 온 인류의 생명을 위협하고 우리의 사회질서까지 송두리째 뒤흔들기 때문에 사실상 최대의 도전이라고 할 수 있습니다. 소위 말하는 포스트코로나 사회를 고려하면 우리가 지금의 코로나19를 어떻게 대처하느냐에 따라서 미래 사회의 질서가 결정될 것이라고 생각합니다. 그 때문에 코로나19보다 더 위험한 것은 실질적으로 코로나19를 대하는 우리의 태도라고 생각합니다. 백신이 개발되고, 개인 위생에 더 신경 쓰고 치료약까지 나오면 팬데믹은 가까운 시일 내에 종식되겠지요. 하지만 우리 삶을 대하는 태도까지 일순 원상 복구될 수 있을지는 의문입니다.

여러분들도 아시는 것처럼 2019년 12월 30일 중국 우한의 안과의사 리원량은 새로운 팬데믹이 발생할 가능성을 일찍이 경고했습니다. 지금은 고인이 되었지요. 자신이 발견한 코로나19 바이러스에 감염되어 투병하다 결국 숨졌습니다. 향년 34세의 나이였죠.

리원량은 환자를 치료하다 2020년 1월 10일부터 기침과 발열 등의 증세를 보여 입원했습니다. 그는 2019년 12월 30일 의대 동창들의 모바일 메신저 단체 대화방에 사스 비슷한 증상의 질병으로 7명의 환자가 치료를 받고 있다는 소식을 전했습니다. 그 메시지가 SNS에 확산되면서 신종 코로나19의 존재가 처음으로 외부 세계에 알려졌습니다.

하지만 리원량은 다음 날인 12월 31일 새벽 1시에 우한 위생건강위원회에 불려가 발병 소식의 출처를 추궁당했습니다. 지금 돌이켜보면 중국 당국은 사태의 심각성을 이미 알고 있었던 것 같습니다. 그것도 새해를 준비하는 마지막 날에. 우한 경찰은 리원량의 주장을 유언비어로 치부했고, 허위 사실 유포로 몰아갔습니다.

사실은 이것이 팬데믹에 대한 최초의 경고였습니다. 결과적으로 우리는 초기에 막을 수 있는 천재일우의 기회를 놓친 거죠.

그럼에도 불구하고 중국 정부는 이 경고를 무시했을 뿐만 아니라 심지어 억압하기까지 했습니다. 리원량이 남긴 유명한 말이 있습니다. 제가 보기에는 철학자보다 훨씬 더 철학적인 말이라고 생각합니다.

"건강한 사회에 한 목소리만 존재해서는 안 된다."

사회를 위태롭게 만드는 문제에 대해 다양한 의견과 목소리를 들었다면 오늘날 우리는 팬데믹을 겪지 않을 수도 있을 것입니다. 위기를 대하는 우리의 태도에 문제가 있었던 것입니다. 이 팬데믹은 예측 실패로부터 발생했다고 생각합니다.

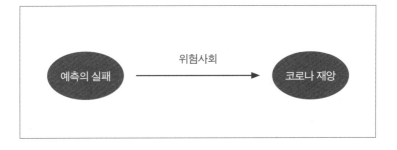

두 번째는 사실 21세기는 위험사회라고 할 수 있다는 것입니다. 그렇기에 미래 예측이 중요한 화두라고 할 수 있죠. 어떤 위험이 우리에게 닥치는지 축적된 빅데이터를 바탕으로 첨단과학 기술을 통해 미리 시뮬레이션을 해볼 수 있습니다. 그리고 미리 예측해 막고자 하는 것이 21세기 현대사회의 작동 원리입니다. 리원량이 직접적으로 경고했음에도 불구하고 코로나19가 팬데믹으로 발전했기 때문에 이 사태는 실질적으로 예측 실패로부터 기인했다고 할 수 있겠죠. 코로나19 팬데믹은 어떻게 위기를 초래했을까요? 도표에서 보듯이 아주

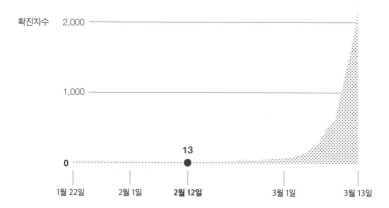

확진자수 2,000

1,000

13

0

1월 22일   2월 1일   2월 12일   3월 1일   3월 13일

미국 코로나 확진자 수 증가 추이(2020)

짧은 시기에 기하급수적으로 전파되었기 때문입니다.

어떻게 보면 코로나19는 세계화로 인해 야기된 최초의 바이러스이고 전염병이라고 할 수 있습니다. 이것은 역사상 인류가 겪었던 다른 역병이나 전염병들과 비교해봐도 확연하게 알 수 있습니다. 1347년에 발발한 페스트, 1918년에 발발한 스페인 독감과 비교해보면 코로나19는 실질적으로 그 규모와 치명률에 있어서 예전의 전염병들보다 훨씬 더 심각하거나 치명적인 것은 아닙니다.

그럼에도 불구하고 오늘날 코로나19는 전 세계 모든 교역이나 정치, 경제, 사회, 문화 활동을 중단시킬 정도로 엄청난 파괴력을 보이고 있죠. 따라서 코로나19가 불러올 수 있는 사회, 경제, 정치적인 위기가 훨씬 더 심각하다고 할 수 있습니다. 그러다 보니 사람들은 전대미문의 사태로 여기며 엄청난 공포와 불안을 느끼는 것입니다.

이제까지의 모든 전염병은 실질적으로 전쟁, 폭력, 기아 등과 함께 등장했습니다. 한마디로 죽음이나 폭력, 파괴의 두려움을 동반하기에 어느 정도 예측 가능하고 심적, 물적 준비도 할 수 있었습니다.

그런데 이번 코로나19는 대체적으로 평화로운 시기에 갑자기 등장했습니다. 1953년 프랑스와의 식민지 해방전쟁에서 베트남의 승리를 이끈 지압(Vo Nguyen Giap) 장군이 한 말이 있습니다. 서방 기자들이 강대국을 격파한 비결이 뭐냐고 물으니 이렇게 대답했습니다.

"적이 원하는 시간에 싸우지 않았고, 적이 좋아하는 장소에서 싸우지 않았으며, 적이 생각하는 방법으로 싸우지 않았다."

이것이 바로 '3불(不) 전략'입니다. 적의 허를 찌르라는 것인데, 그만큼 준비되지 않은 상태에서 들어오는 공격이나 위협은 충격과 여파가 큰 법입니다.

코로나19 초기에 전 세계 인류가 당황하면서 느꼈던 공포를 기억할 겁니다. 누구나 이 병에 걸리면 죽을 수도 있다는 엄청난 불안감이 고조되었죠. 아예 문을 닫아걸고 지냈으며, 마스크와 장갑을 늘 끼고 다녔고, 사람과 사람 간의 접촉도 거의 없었습니다. 단순 감기 증세나 몸살만 걸려도 두려움에 떨었던 기억은 한두 번씩 갖고 있을 겁니다. 도심 대로가 텅 비었던 사진을 보면 지금도 섬뜩합니다. 죽음에 대한 공포가 어떻게 보면 평화로운 삶을 구가하는 인류에게는 최고의 악이 되는 겁니다.

그렇다면 이것을 어떻게 극복할 것인가 하는 문제가 국가의 일차적인 과제로 급부상하게 됩니다. 신채호 선생이 역사는 '아(我)와 비아(非我)의 투쟁'이라고 말한 것이나 물리학자 뉴턴이 '작용 반작용의 법칙'을 발견한 것도 같은 이치입니다. 인류라는 '아'에 대해 '비아'인 코로나19의 공격이 있었으니 투쟁이 일어날 수밖에 없고, 코로나19라는 '작용'이 발생했으니 '반작용'이 생길 수밖에 없는 이치입니다.

이러한 입장에서 국가와 시민사회의 질서를 정당화한 사회개혁론자가 있습니다. 여러분들이 잘 알고 계시는 토머스 홉스입니다. 홉스의 생각을 간단히 정리하자면 성악설을 전제로 세상을 바라봅니다. 그는 인간을 본질적으로 '이기적 존재'로 파악하기에 통제권을 가진 국가에 개개인이 복종해야 하고 이것은 반드시 계약에 의해 이루어져야 한다고 주장했습니다. 이른바 사회계약설입니다. 1651년 출간된 《리바이어던(Leviathan)》에서 그는 자신의 이런 생각을 피력했습니다. 인간을 그대로 방치하면 서로 죽고 죽이는 '만인에 대한 만인의 투쟁' 상태가 펼쳐질 거라고 본 겁니다.

이를 이겨내기 위한 홉스의 명언이 나옵니다.

"네가 너를 위하여 바라지 않는 일을 타인에게도 행하지 말라."

모든 사람들이 서로서로 해를 끼치지 않도록 약속하고 지켜야 한다는 것입니다. 하지만 이건 누가 봐도 불가능한 일입니다. 그래서 홉스는 불가능한 목표를 달성하려면 군주의 통치에 의해 이 약속이 신뢰성 있게 지켜지도록 해야 한다고 본 겁니다. 계약을 통해 시민이 자연 상태에서의 모든 권리를 군주에게 양도하고 복종해야 한다고 하며 저항권도 인정하지 않았습니다.

토머스 홉스는 《리바이어던》에서 안전을 보장하기 위해서는 개인이 가지고 있는 기본권, 그리고 개인의 자유를 국가에 위임할 필요가 있다고 주장합니다. 따라서 '리바이어던'이라는 말은 책의 제목인 동시에 오늘날 안전과 질서를 보장하는 강력한 국가를 상징하고, 개인의 자기 보전 욕구를 실현할 수 있는 국가적인 통제 장치를 의미하는 것으로까지 확대 재해석됩니다. 오늘날 많은 사람들의 안전과 생명을 위해 국가가 개입하는 것에 대해 거부감을 갖고 계신 분은 《리바이어던》을 한번 읽어보실 것을 추천합니다.

《리바이어던》 표지

그러면 국가가 생명 보호를 명분으로 개인의 삶과 기본권을 어느 정도 제한할

때, 과연 우리가 이것을 어디까지 감내할 수 있을까요? 자칫 잘못하면 국가는 자유를 파괴하는 괴물이 될 수 있는 것이 아닌가 하는 의문이 제기될 수 있습니다.

세 번째 명제로 우리가 고려해야 할 사항은 국가가 과도하게 국민의 프라이버시를 침해하고 개인의 자유와 기본권을 억압한다면 새로운 감시사회가 등장하게 된다는 것입니다. 생명, 건강, 보건은 오늘날 국가 차원의 안보 문제가 되었죠. 이것은 결과적으로 국가가 이를 지키기 위해 훨씬 더 강력한 권력을 가지게 되었다는 것을 의미합니다. 나치에 협력한 독일의 법학자이자 정치학자 카를 슈미트(Carl Schmitt)는 이렇게 말했습니다.

"비상사태를 결정하는 자가 주권자이다."

오늘날 비상사태를 선포하는 주체는 아시다시피 국가입니다. 이에 따라서 국가는 개인의 생명을 보호한다는 명분으로 우리의 프라이버시를 일정 부분 침해하거나 감시하는 것에 대해 어느 정도 정당성을 갖게 되는 것이죠. 따라서 국가권력이 강화될수록 역설적이게도 국가권력은 오히려 스스로를 정당화하려고 지속적으로 비상사태를 선포할 수밖에 없을지도 모릅니다. 자칫하면 악순환의 고리에 빠지는 겁니다.

대표적인 경우가 중국 정부의 접근 방식입니다. 중국에도 한국의 질병관리청과 유사한 기관이 있습니다. 중국질병예방공제중심이라는 기구인데요. 여기에서 등장한 것이 '팡콩(防控)'이라는 개념입니다. 이는 '방제하고 통제한다'는 뜻으로 중국의 전체주의 사고방식을 아주 잘 나타냅니다. 질병의 예방과 통제를 위해 국민의 생활을 전방위적으로 감시하는 것이죠. 따라서 국가의 안보를 해치거나 사회질서를 위태롭게 만드는 모든 위험, 예를 들어 이데올로기적 위협도 바이러스로 취급합니다. 중국 정부는 국민의 생활을 감시하는 CCTV라든가 통제 기술을 아주 당연한 것으로 여깁니다.

좀 더 얘기하면 중국은 우선 범죄 용의자 추적이라는 명목을 내세웁니다. 2015년부터 전국에 2,000만 대 이상의 CCTV를 설치했습니다. 이것을 톈왕(天網: 하늘의 그물)이라고 부르는데 관영방송은 시진핑 주석의 업적으로 선전합니다. 국민 안전을 수호하는 '눈' 역할을 한다는 겁니다. 실제 화면을 보면 길거리에서 걸어가거나 자전거를 타고 가는 사람의 이름과 자동차 소유주 등이 그대로 표기됩니다. 이 덕분에 중국에서는 범죄가 크게 줄어들었다고 합니다.

중국의 CCTV 활용은 범죄 예방이라는 미명하에 체제 유지라는 거대한 목적이 근간입니다. 실제로 중국 공안 당국은 필요하면 CCTV를 통해 누가 언제 어디에서 무엇을 하는지 파악할 수 있습니다. 그리고 이를 통해 수집한 방대한 개인 데이터들을 AI가 학습해 특정 개인의 위치와 상황을 순식간에 파악할 수도 있습니다. 과거에는 많은 인력이 필요했던 부분이지만 이제는 AI가 자동으로 감시 관리하는 것입니다.

이런 관점에서 우리에게 《사피엔스(Sapiens)》로 유명한 이스라엘의 역사학자이자 미래학자 유발 하라리는 이렇게 말합니다.

"감시 기술이 오늘날 피부 밑으로 들어왔다."

새로운 첨단과학 기술을 통한 감시 기술의 일상화를 단적으로 표현한 겁니다. CCTV는 사실 우리의 외벽을 감시하는 데 그치지만 실질적으로 오늘날은 피부 밑에 새로운 칩을 이식한다든가 하는 방식을 통해 우리의 건강 상태까지 전방위적으로 감시할 수 있으니 일리가 있다는 생각이 듭니다. 물론 검색이나 SNS를 통해 우리의 기호, 취미, 직업, 취향 등이 빅데이터로 축적되고 그로 인해 감시받을 수 있다는 의미로도 해석됩니다.

한마디로 21세기가 되면서 새로운 디지털 감시사회가 출현하고 있는 것입니다. 질병의 예방과 통제를 위해서도 감시가 정당화되고 있고, 또 중국처럼 정치적 근간이라고 이야기할 수 있는 국가의 안전과 질서를 위해 결과적으로 사회 전체를 면역화한다는 점에서 감시사회가 출현한다고 볼 수 있는 것이죠.

따라서 질병이 안보화될수록 공안이 권력을 갖게 되는 역설적인 현상을 볼 수 있습니다. 그 끝이 《1984년》의 저자 조지 오웰이 경고하는 것처럼 정보의 독점과 감시를 통해 사람들을 통제하는 권력인 '빅 브라더'의 출현일지도 모르겠습니다. 그로 인해 개인의 자유는 계속 억압받을 수밖에 없는 상황입니다

네 번째 명제로 우리는 이러한 바이러스로 인한 팬데믹을 겪으면서 자유와 안전의 관계를 어떻게 설정할 것인가 하는 핵심적 과제에 도달하게 됩니다.

'안전한 자유'와 '자유로운 안전'이 대답일 수 있겠는데 과연 이것을 어떻게 실현할 것인가가 문제입니다. 안전을 추구하는 불안전의 독재에서 오히려 불안전이 증대되는 역설적인 현상을 겪게 됩니다. 그렇다고 반대로 안전만을 추구하는 사회에서는 사람들이 자유를 실현할 수 없기 때문에 사실 인간다운 삶을 살 수 없다고 볼 수도 있겠죠.

그림 1

그림 2

〈그림 1〉은 완전히 국민의 생활을 통제하고 거리에는 자동차 한 대 다니지 않는 2020년 2월경 중국 우한 시의 모습입니다. 〈그림 2〉는 전염병 감염자가 증대하고 있음에도 불구하고 여러 가지 사회적인 제재에 대해 반대 시위를 하고 있는 서구사회의 모습입니다.

자유를 너무 극단적으로 추구하다 보면 결국 무질서에 도달하게 됩니다. 반면 안전만을 절대화하다 보면 결과적으로 전체주의를 경험할 수밖에 없습니다. 따라서 오늘날 신자유주의가 여러 가지 문제로 인해 몰락하고 동시에 자유민주주의가 쇠퇴하고 있는 상황에서 우리는 이제까지 당연하게 여겼던 국민의 기본권, 그리고 개인의 자유와 프라이버시가 훼손당할 수 있다는 새로운 가능성을 경험하게 된 것입니다.

이런 상황에서 우리는 어떤 것을 선택해야 할까요? 일단 단순화해보면 다음의 두 사회 가운데 하나를 택할 수밖에 없다는 결론이 나옵니다.

자유 없는 안전 vs 안전 없는 자유

사실 두 가지 모두 마땅한 대안이 될 수는 없을 것 같습니다. 이럴 때 나오는 견해가 중간에서 균형을 잡자는 새로운 아이디어입니다. 오늘은 여러분들과 함께 그 균형점을 찾을 수 있는 소중한 시간이 되기를 바랍니다.

끝으로 맨 처음 던졌던 프랭클린의 명제를 다시 한 번 이야기하면서 발표를 마치겠습니다.

"일시적인 안전을 위해 자유를 포기하는 자는 자유나 안전을 얻을 자격이 없다."

이 문제를 가지고 토론을 지속해보도록 하겠습니다.

김병연　이진우 교수님 발표 잘 들었습니다. 지금 자유와 안전이 서로 충돌하는 상황에서 안전을 우선적으로 지키려다 보면 인간의 가장 중요한 본성인 자유가 침해되거나 희생될 수 있다는 경고의 말씀을 해주셨습니다. 그럼 이 자유와 안전이 어떤 식으로 최적점을 찾아야 할까요?

이진우　그것이 바로 우리의 과제입니다. 사실 안전만을 위해 살 수는 없잖아요. 코로나19 사태를 겪으면서 보니 이탈리아의 철학자 조르조 아감벤(Giorgio Agamben)의 말에 일면 시사점이 있습니다.

"적나라한 생존만 이야기하는 사회에서는 결코 사람들이 자유를 실현할 수 없다."

감염병으로 추정되는 코로나19 바이러스를 막기 위해 취해진, 광적이고, 비합리적이며, 전혀 근거 없는 비상조치들을 개탄하면서 그는 사람들에게 또 이렇게 물었습니다.

"언론과 정부 당국은 무슨 이유로 공포 분위기를 조성하려 애쓰고 이동에 엄격한 제한을 두며 모든 지역에서 일상생활과 노동 활동을 중단하는 걸까?"

그러면서 그는 과도한 대응이 벌어진 주된 이유가 예외 조치를 일상적인 지배의 패러다임으로 삼으려는 불순한 의도에 있다고 파악했습니다. 비상조치들 덕분에 정부는 손쉽게 우리의 자유를 제한할 수 있다고도 주장했습니다. 그러니까 안전과 생명이 중요하긴 하지만 우리가 안전하고 또 생명을 지키려는 이유가 궁극적으로는 자유롭게 살기 위한 것이 아니겠습니까? 어디에서 두 가지의 균형점 혹은 접점을 찾아야 할 지 아직은 모르겠습니다. 우리에게 새롭게 던져진 과제가 아닐까 하는 생각이 듭니다.

지나치게 안전을 추구하는 방식, 저는 이것을 '중국적 접근 방식', '전체주의적 접근 방식'이라고 이야기합니다. 사실 봉쇄하고 통제하는 일이 되풀이되다 보면 안전한 국가를 실현할 수 있을지는 모르지만 그 이면의 또 다른 폭력을 놓칠 수도 있는 것이죠.

다른 한편으로는 서구사회처럼 개인의 기본권, 프라이버시만 존중하는 것도 문제가 있지요. 지금 동아시아와 비교해 볼 때 코로나19의 확산세는 유럽이 훨씬 더 심각하잖아요. 그걸 지켜보는 사람들은 누구나 큰일 나는 거 아니야, 하는 두려움이 들죠.

김병연 경제학적으로 보면 자유 희생의 한계비용과 안전 희생의 한계비용이 일치하는 어느 지점, 그것이 균형점이거든요. 경제학자들도 이미 그런 연구를 하고 있는데 코로나19 확진자 수가 어느 선이라야 자유의 과도한 희생을 불러오지 않으면서 안전을 어느 정도 지킬 수 있을까 하는 최적점에 대한 실증적 연구를 하고 있습니다. 그런 개념을 도입해서 찾아보면 어떨까 싶기도 한데요.

이진우 지금 우리나라의 1일 확진자 수는 늘었다 줄었다 하지만 많을 때는 1천 명, 상황에 따라 보통 수백 명 사이를 오르락내리락하잖아요.

　대한민국은 1일 통계를 내고 매일 브리핑을 하지만 서구에서는 대부분 일주일 단위로 통계를 냅니다. 독일은 일주일에 확진자가 10만 명 정도로 아주 상황이 심각하거든요. 한 가지 재미있는 것은 독일 국민들은 그럼에도 불구하고 국가가 잘 대처하고 있다고 만족도가 높다는 거예요. 우리나라에서 천 명, 만 명, 넘어가면 어떤 일이 벌어질까, 이런 생각을 해보지 않을 수가 없거든요.

　그러니까 여기엔 차이가 좀 있어요. 독일 국민들이 느끼는 안전도와 자유에 대한 침해도는 한국 국민이 느끼는 자유에 대한 주관적 감정과 안전도의 침해와는 결이 달라요. 자유에 대한 주관적 감정과 자유가 훼손될 수 있다는 위험도의 차이가 분명 존재하는 것 같거든요.

지금 안전을 지키고 생명을 수호하는 것은 물론 중요합니다. 인간 삶의 가장 기본적인 전제 조건이니까요. 문제는 팬데믹이 종식된 다음, 소위 말하는 포스트코로나 사회는 우리가 지금 어떻게 대처하느냐에 따라 그 성격이 결정될 수도 있다는 것입니다. 사회의 기본적인 성격이나 패러다임이 변화하는데 자칫 잘못하면 바람직하지 못한 방향으로 결정될 수도 있습니다. 그러니까 우리는 이 사태에서 조금은 감수성이 예민해져야 하는 것 아닐까 하는 생각을 해봅니다.

주경철 이전부터 우리는 너무나 당연하게 어떤 위기에 대응하는 주체는 누구냐고 물으면 국가 단위 또는 정부기구라고 이야기하지요. 이건 다 인정하는 건가요? 국가가 가장 효율적인 주체라는 사실은 일단 인정한다고 생각해야겠죠? 어떤가요?

이진우 근대국가가 형성되고 난 다음에 사회 안전과 질서를 책임지는 것은 기본적으로는 국가 단위에서 이루어지게 됩니다. 감염병같이 전파력이 높은 질병에 관해서는 사실 개인이 할 수 있는 조치가 제한적이긴 합니다. 보건의료 지원을 해준다든가 지역을 봉쇄한다든가, 방역수칙을 만든다든가 하는 것들은 결과적으로 개인을 넘어서는 국가 단위에서 이루어지는 일입니다. 그렇기 때문에 포스트코로나 시대를 어떻게 만들어갈 것인가는 국가가 어떻게 하느냐가 가장 결정적이라고 할 수 있지 않겠습니까?

주경철 예컨대 14세기에 페스트로 2억 명이 죽었다고 합니다. 그때는 근대국가가 아니니까 사실상 방치한 거죠. 그러니까 그렇게 많이 희생된 겁니다.

콜레라가 유행할 때쯤 위생이라는 개념이 생겼어요. 국가가 보건위생을 담당해서 상하수도 시설을 대폭 정비하게 됩니다. 콜레라는 수인성 전염병이니까 자연스럽고도 확실하게 잡히는 겁니다. 그러고나서 스페인 독감 때 또 엄청난 피해를 입는 일이 발생합니다. 이 시점에서는 국가가 나서서 정확하게 무엇인가를 해줄 만한 여건이 못 되었기 때문에 피해가 컸습니다.

이런 사례들을 본다면 국가가 개입했을 때는 그래도 확실하게 괜찮았지만 국가가 기능을 발휘하지 못했을 때는 결과가 안 좋았던 겁니다. 저는 이런 상상을 해봅니다. 코로나19 팬데믹이 16세기, 17세기에 벌어졌다면 어떻게 되었을까? 아마도 지금보다 훨씬 더 참혹한 결과를 가져왔을 것 같아요. 말하자면 국가의 어떤 폭력적인 대응 방식을 옹호하는 건 아니지만 국가가 어쨌든 그 정도로 기능을 발휘했기 때문에 국민 개개인이 그 안에서 '국가는 너무 강해서는 안 돼'라는 명제를 생각할 여유가 있는 건 아닐까요? 사실 과거의 페스트나 콜레라 같은 더 위태로운 상황이라면 이렇게 나오지 않았을까요?

"내가 당장 죽게 생겼는데 살기 위해서라면 당분간의 자유는 얼마든지 유보할 수 있어."

이런 상황까지 염두에 두면서 논의를 진행해봐야 하지 않을까 하는 생각을 해봤습니다.

이진우 그렇죠. 제 생각에도 그건 당연한 이야기인 것 같습니다. 왜냐하면 우리는 국가체제가 당연시되는 사회적 환경 속에서 살아가고 있으니까요. 국가가 어떻게 하느냐에 따라 상황이 변합니다. 예를 들어 전염병을 예방하거나 통제하는 것은 국가가 잘할 수 있으니까 당연하지요. 그런 의미에서 우리의 상황을 과거의 전염병이 창궐했을 때나 14세기에 페스트가 유행했을 때의 상황과 단순 비교하는 것은 적절치 않다는 생각이 들어요. 오늘의 관점에서 봐야 한다는 거죠.

왜냐하면 페스트가 돌 때는 이게 병원균인지 뭔지도 모르고 당한 거예요. 네덜란드의 렌즈 가공업자였던 안톤 판 레이우엔훅(Antonie van Leeuwenhoek)이 취미 삼아 렌즈로 기구를 만들다가 현미경을 발명했잖아요. 그걸로 들여다보다가 1673년에 최초로 미생물을 관찰했고, 그 관찰 결과를 영국왕립학회에 보낸 게 1676년의 일이었으니까요.

뿐만 아니라 전파 속도도 마찬가지예요. 중앙아시아나 중국에서 페스트균을 발견했다고 하는데 확증은 없어요. 중앙아시아에서 발병해서 유럽까지 도달하려면 아무리 빨라도 2년에서 20년 정도는 걸렸다고 생각해야죠.

오늘날에는 어떻습니까? 우한에서 코로나 바이러스를 발견하고 거의 동시에 전 세계로 퍼진 거나 마찬가지거든요. 그런데도 우한에서 바이러스를 의심하고 나서 이틀 만에 병원체를 확인할 정도로 과학과 기술이 발전한 시기에 살고 있어요. 그런 의미에서 과거의 역병이나 전염병과 코로나19를 비교하는 것은 여러모로 바람직하지 않습니다.

오늘날 국가가 이에 대처해야 한다는 사실에 이의를 제기할 사람은 한 명도 없을 거예요. 자유주의국가이건 전체주의국가이건 이 사실은 마찬가지일 듯합니다.

문제는 이겁니다.

어느 정도까지 국가가 개인의 자유를 제한할 것인가?

이 부분에 관심을 가져야 하는 것 아닐까 싶습니다. 너무 과도하게 개입하면 중국 우한과 같은 상황이 되는 것이죠.

중국 사회는 정치적인 문제 이외에는 모든 것을 허용하는 곳입니다. 거칠게 요약하면 그렇다는 것인데, 경제행위를 할 수 있는 자유는 주어진다는 것입니다. 그런데 정치적 자유는 전혀 주어지지 않죠. 그러니까 중국 사회에서는 다양한 목소리가 존재하지 않습니다. 전자상거래 기업 알리바바그룹 창업자 마윈(馬雲)을 보세요. 예전에 영어 교사였던 마윈이 2020년 10월 한 금융 포럼에서 중국 금융 당국을 공개 비판한 뒤 석 달간 공개 석상에서 사라져 실종설이나 구금설이 난무했죠. 더 놀라운 사실은 이런 일이 중국에서는 얼마든지 벌어질 수 있다는 점이에요. 마윈은 금융감독 당국이 위험을 예방한다는 이유로 규제를 고집해서 혁신을 질식시킨다고 비판했어요. 이건 시진핑 중국 국가주석의 다음 말에 정면 대응한 거죠.

"금융에선 혁신보다 안정이 더 중요하다."

그래서 마윈은 금융 당국에 불려가 경고를 받았고, 금융 당국은 앤트그룹의 상하이·홍콩 증시 동시 상장을 중단해버렸습니다. 세계 최대 규모의 기업공개가 무산된 겁니다.

물론 중국의 빅테크 기업들은 중국 정부의 방침 덕분에 성장했어요. 법으로 금지된 것을 빼고는 다 할 수 있죠. 미국을 대적하려고 기업의 독점 행위를 봐준 면도 있어요. 문제는 중국 정부가 언제든 기업을 죽일 수도 있다는 사실입니다. 마윈 사태가 바로 중국에서는 어떤 회사도 당의 권력에 도전할 수 없다는 걸 보여줬습니다.

그런 의미에서 중국에서는 '내 자유는 설령 희생되더라도 내

생명을 보전하고 안전하게 잘 먹고 잘살 수 있으면 그것으로 오케이'가 되는 것이죠. 이것이 중국식 모델인 겁니다. 개인적으로는 그런 사회에서 살고 싶지 않습니다.

반면 자유주의 국가에서는 코로나19 같은 상황이 벌어지면 국가가 개입해야 하는데 왜 적극적으로 대처하지 않느냐는 입장에서 항의도 많이 하죠. 영국은 백신으로 집단면역을 확보했다고 하지만 프랑스나 이탈리아가 대표적인 사례 아니겠습니까? 2021년 4월 기준으로 프랑스의 신규 확진자가 9만 명에 육박하고 전체 누적 확진자 수는 486만 명이 넘어요. 이탈리아는 371만 명이 넘어가고 있고요. 지금 1천만 명 넘는 확진자가 나온 미국도 사실은 트럼프 전 대통령이 자유의 이름으로 방치한 거나 마찬가지 아닙니까? 여기에 대해서도 문제가 충분히 제기되고 있습니다.

관건은 국가가 어느 정도까지 자유를 제한하느냐인데, 국가가 정하고 규제하는 대로 국민들이 그냥 따라야 한다고 하면 그 합당한 선이 정해지지 않는다는 거죠.

예를 들어 국민들이 이 중차대한 문제에 대해 의견도 제시하고 때로는 항의도 하는 과정을 통해 균형이 잡히는 것이지, 반대 축이 없으면 균형이 없잖아요. 그런 의미로 이해하면 좋을 것 같습니다.

장대익 저는 진화학자로서 조금 역사적인 관점에서 살펴보겠습니다. 국가의 출현과 국가의 역할 등을 앞서 말씀하셨는데요. 저는 인간이 왜 이런 상황에서 안전을 추구하기 위해 자율성을 훼손하면서까지 국가 권력이나 통제에 따르는가 하는 측면을 고려해볼 필요가 있다고 생각합니다. 실제로 전염병이라는 것은 우리가 만든 전쟁이나 경제위기, 혹은 사회·문화적 위기와는 좀 다른 것이거든요. 이것은 다른 사람과의 접촉에서 비롯된 것으로 집단적인 현상이라고 볼 수 있습니다. 집단 내에서 퍼지는 것이기 때문에 팬데믹 상황에서 일반 시민들의 커뮤니티에 국가가 개입해서 모임을 가져라, 마라 하는 것은 정치 집회나 불법 결사를 금지하는 것과는 다른 차원이라고 생각해요. 우리가 자율성의 가치를 좀 더 낮게 보기 때문이 아니라, 현상에 대해서 본능적으로 작동하는 뭔가가 있다는 거예요. 똑같은 원인이 촉발되었을 때 한국적인 시스템, 중국적인 시스템, 서구적인 시스템에서 각각 어떻게 작동하느냐, 혹은 어떻게 발현되느냐의 차이라고 생각합니다. 그래서 한국은 나름의 전략을 취한 것이고, K방역이니 뭐니 하면서 움직인 겁니다. 한편으로는 잘한 부분도 있는데 백신 도입이 늦어진 것 등은 한국적 시스템의 문제라고 생각합니다.

이진우 교수님이 지적하신 대로 우리가 조금 더 생각해봐야 할 또 다른 문제가 있지 않나 싶어요. 안전과 자유가 같이 갈 수 있는 방향에 대해 한번 고민해봐야 한다는 측면은 동의합니다. 그런데 저는 그것이 굉장히 기술적인 문제라고 생각합니다.

예를 들어 국가가 개입해서 집단을 위해 확진자의 동선이라든가, 개인 신상정보, 혹은 사는 곳 등을 초기에 공개한 적이 있었죠. 인간은 자신의 자율성이 침해되었을 때와 침해될 수 있겠다고 느낄 때의 감정을 거의 동일하게 받아들입니다. 그러면 정부 시책에 협조하려는 마음보다는 불만이 먼저 생기죠. 하지만 정부 입장에서는 안전을 중시하는 정책이 이런 비협조적인 분위기에 걸려 좌초되는 걸 원치도 않을 것입니다. 그렇기에 지혜로운 대처 방법을 고민해야 하는 것이죠. 그렇다고 해서 정부가 우리에게 거짓말을 하라는 뜻은 아닙니다. 확진자 정보를 널리 알리고 시책에 호응해달라고 문자를 보내거나 계도를 할 때 국민의 자율성을 해치지 않는 선에서 지혜롭게 해야 한다는 겁니다. 국민이 프라이버시가 크게 침해된 거 같지는 않다고 느끼는 선에서 할 수 있는 기술적이고 세심한 전략이 필요하지 않을까요?

그런데 현실을 보면 우리 정부의 정책 시행은 굉장히 거칠잖아요. 물론 경험이 없고 처음 해보는 것들이라 시행착오가 있을 수 있죠. 지금은 조금 학습이 되긴 했지만 정보를 공개할 때 좀 더 세련된 방법이 필요하다고 봐요. 그런 면에서 이 문제는 인류가 그동안 겪었던 많은 위기 가운데서 특별한 경우라고 생각합니다. 인류에게 있어 집단과의 접촉, 혹은 집단 내에서 타인과의 접촉은 매우 중요한 것이기 때문입니다.

질병에 대한 지식이나 과학기술이 없을 때는 사실 그냥 한곳에 있다가 전염병에 걸려 다 죽어버렸거든요. 침팬지가 그래요. 우리처럼 멀리 떨어져도 살 수 있는 존재가 아니라 그루밍(털 고르기)을 통해 접촉을 하면서 관계를 맺기 때문에 어떤 침팬지 사회에서 전염병이 한번 돌기 시작하면 그냥 다 죽어버립니다.

반면 인간인 우리는 그걸 막을 수 있죠. 왜냐하면 그걸 이해하고 있고, 멀리 떨어져서 일을 처리할 수 있는 능력이 있기 때문이죠. 진화학적 관점에서 보면 그 두 가지의 핵심 가치를 모두 실현할 수 있는 방안에 대해 생각할 수 있지 않나 싶습니다.

이진우 저는 진화론을 잘 모르는 문외한이긴 하지만 소위 생물학적 진화 과정만 얘기하면 그럴 수 있겠지요. 사실 이런 전염병은 밀집 생활을 하면서 생기기 시작한 것 아니겠습니까? 야생동물을 가축화하면서 사람과 같이 살게 되고 그 질병이 사람에게 옮겨온 거잖아요.

유발 하라리가 아주 재밌게 표현했는데 수렵, 채집 시대만 하더라도 돌아다니면서 모일 수 있는 사람의 숫자가 50명, 100명을 넘지 않았대요. 그런데 밀 같은 작물을 경작하게 되니 힘들게 산천을 떠돌 필요 없이 한곳에 눌러앉아 정착을 하게 된 거죠. 그렇게 되면 한꺼번에 모일 수 있는 사람의 숫자가 500명, 1천 명을 넘어가면서 당연히 접촉에 의해 바이러스나 질병이 옮겨가고 전염병이 생기는 것이죠. 많은 생물학자들이 이야기하는 것처럼⋯⋯. 단합과 협업으로 만든 인류문명은 항상 이런 전염병을 수반하고 그것과 동반해서 성장한다고 해도 과언이 아니잖아요. 그러면서 동시에 이 전염병을 어떻게 통제할 것인가 하는 문화적, 제도적인 측면에서도 인류문명은 계속 진화해왔거든요. 침팬지는 무리 생활을 한다 해도 기껏 최대 50여 마리밖에 안 된다고 해요. 그리고 인간은 의사소통을 할 수 있는 최적의 자연적인 조건이 150명 정도라고 합니다. 그 정도 범위면 서로 얼굴도 알고 이름도 아는데 지금 인류문명, 인류공동체가 77억 명이거든요. 그래서 다음과 같은 우려가 있지요.

기후 변화에 잘못 대처하면 인류문명이 몰락하고 인간은 멸종될 것이다.

코로나19로 우리가 국제적으로 협력하지 않으면 인류문명에 심각한 타격을 줄 것이다.

그 우려에 제대로 대처하려면 77억 명의 인류를 하나로 결집할 수 있는 서사가 필요합니다. 이런 서사를 발전시키는 것이 인간이죠.

이것은 문화적 진화라고 해도 좋을 그런 상황입니다. 문화적 진화의 산물은 여러 가지 있을 텐데 그 가운데 가장 중요하고 가장 돋보이는 것이 자유 의식이라고 생각해요. 과거에는 위에서 통제만 하면 모든 문제가 쉽게 해결될 수 있었지요. 하지만 77억 명이라는 인구를 결집하려면 그런 통제만으로는 불가능해요.

개인이 자발적으로 방역수칙을 지키고, 필요하다면 가까운 사람들을 만나는 걸 자제하는 사회적 거리두기를 하는 건 자율적 영향이라고 볼 수 있죠. 강제하니까 하는 것이 아니라 나와 가족의 건강과 생명을 지키기 위해서 이 방법이 최선일 것 같다고 스스로 판단한다는 점에는 차이가 있다는 거죠. 겉으로 드러나는 행동은 방역수칙을 잘 지킨다는 것이지만, 동기는 '내가 스스로 판단해서 지킬 거야'라고 생각하는 것이 훨씬 낫다는 겁니다.

예를 들어 우한 사태가 처음 터졌을 때 어쩌면 저럴 수가 있나 하며 놀란 것이 있어요. 감염자가 바깥에 나오지 못하도록 문밖에서 철문을 용접한다든가, 주민의 일거수일투족을 전방위적으로 감시한다든가 하는 것이 과연 올바른 방법일까요? 그건 아니라고 생각해요. 그렇지만 자유를 중시한다고 해서 사회적인 안전을 경시하라는 말은 전혀 아니죠. 정리하자면 자유에 원칙이 있다. 그리고 다른 한편으로는 안전에도 원칙이 있다. 그렇다면 자유와 안전의 균형을 이루기 위한 노력이 필요한 거죠. 무조건 국가의 말을 잘 듣는다고 해서 그런 균형이 만들어질까요?

김병연　애초에 시민의식이라는 것이 다루어지지 않습니까? 사실 연구 결과를 보면 자연재해가 일어났을 때 어떤 나라는 오히려 국민 간 혹은 국민과 정부 간의 신뢰가 높아지거든요. 사람들은 서로 연결된 존재이고, 다른 사람을 도와야 자기 생명도 보장된다는 것을 알기 때문에 자연재해가 일으키는 신뢰 제고 효과가 있어요. 감염병도 서로 연결선을 이해하는 것이기 때문에 나 스스로 조심하고 다른 사람을 보호하는 사람이 되는 과정이 필요하죠. 그런 과정을 통해 상호 신뢰가 생기는 효과가 나타난다고 하면 우려하는 국가 주도 방역 문제를 조금 완화할 수 있지 않을까 싶은데요.

이진우　가장 중요한 것은 사실 신뢰의 문제예요. 시민들이 정보를 믿느냐, 믿지 않느냐, 또 정부가 시민의 영향을 믿느냐, 믿지 않느냐에 따라 통제 수준도 결정되잖아요.

　　김병연 교수님께서 말씀하신 것처럼 자연재해가 일어났을 때 일시적으로 시민 상호 간의 신뢰도가 높아진다는 연구 결과는 있어요. 그런데 이때의 재해는 인간이 통제할 수 없는 자연재해가 대부분이에요. 예를 들면 홍수가 일어난다든가, 태풍이 분다든가, 아니면 화산이 폭발한다든가.

　　우리나라의 경우 2007년 12월 7일 충청남도 태안군 앞바다에서 해상 크레인을 견인하던 와이어가 끊어지면서 정박해 있던 홍콩 선적의 유조선 허베이 스피리트호와 충돌하여 엄청난 양의 원유가 태안 인근 해역으로 유출된 적이 있었죠. 이때 전국에서 130여만 명의 자원봉사자가 매일 찾아와 기름 제거 작업을 하고 성금을 모금했잖아요. 전 국민이 다 같이 이 문제를 극복하기 위해 팔 걷고 나선 것이죠.

　　제가 읽은 여러 가지 연구 결과나 책들에 의하면 전염병이 발생했을 때는 신뢰도가 높아지지 않는다고 합니다. 지금 우리가 생각해볼 수 있는 것은 소셜 디스턴싱(social distancing)입니다. 이건 완곡어법인데 사실은 사람들을 만나지 말라는 뜻이죠. 다른 사람을 만나지 말라는 이유가 뭘까요? 지금 마주 앉아 있는 사람들이 모두 다 잠재적 감염원이 된다는 소리예요. 저 사람이 나를 심각하게 해칠 수도 있다는 거죠. 그러니까 우리가 만나지도 않을뿐더러 자가격리할 때는 가족들도 위아래층으로 격리하거나 마스크 쓰고, 모든 식기나 욕실도 따로 쓰는데 그 이유가 그들을 신뢰하지 않아서인가요? 아니죠. 이건 신뢰의 문제라기보다 마스크를 쓰고 사회적으로 격리하고 거리두기를 한다는 통제 방식이 나를 지킬 수 있기에 훨씬 더 선호되는 것이죠.

전염병의 경우에는 역사적으로 사회적 신뢰 지수가 떨어집니다. 서로 믿을 수 없으니까요. 확신할 수 없으니까요. 시민 역량을 활성화하려고 하면 신뢰 지수를 높여야 합니다. 정부가 지금 구체적인 상황에서 취하는 조치들이 타당하고 합리적이라는 것을 신뢰할 수 있을 때 비로소 그걸 따르는 거죠. 그러면 어느 단계에서는 다른 사람들을 만날 때도 불안감이 훨씬 더 줄어들죠. 신뢰도도 올라가고요.

그런데 지금 공포의 바이러스가 만연하잖아요? 이런 공포의 바이러스를 정치적으로 활용하는 걸 보고 일각에서는 이런 표현도 씁니다.

'불안의 포르노를 튼다.'

제가 보기에는 지금 우리나라뿐만 아니라 미국이나 서구 유럽

국가들도 신뢰 지수는 오히려 떨어지고 있다고 볼 수 있을 것 같아요.

장대익　그런 관점에서 소셜 디스턴싱, 즉 사회적 거리두기라는 말이 국제적으로 잘못된 키워드라고 생각해요. 정확하게 말하면 사회적 거리두기가 아니라 물리적 거리두기죠. 명확하게 물리적 거리두기를 하면 되는 겁니다.

원래 '소셜 디스턴싱', '사이컬러지컬 디스턴싱(psychological distancing, 심리적 거리두기)'과 같은 용어가 있었어요. 서로 친했을 때, 서로 교류가 활발한 관계일수록 사회적 거리가 가깝다는 것인데 매우 직관적입니다. 서로 만나지 말라고 하는 게 소셜 디스턴싱이거든요. 사실 우리가 만나지 말라고 얘기할 게 아니라 물리적인 거리만 두면 되거든요. 이미 우리 국민은 비말 감염이라는 용어를 알고 있으니까요.

예를 들어 각종 인터넷 화상 앱을 이용해 비대면으로 만난다고 하잖아요. 이것도 사실은 만나는 겁니다. 사람들이 소셜 디스턴싱이라는 말을 만들어 퍼뜨리고 언어적인 우위를 점해버리면서 우리에게 혼란이 온 거죠.

'아, 우리 만나지 말라는 얘기인가 보다.'

'친하게 지내지 말라는 얘기다.'

이런 식으로 착각하게 만드는 용어, 잘못된 키워드라고 생각해요.

한준 사실 사회학적으로 소셜 디스턴싱이라는 말이 처음 나왔을 때는 '이방인을 얼마나 멀리 두느냐'의 문제였습니다. 이방인이 한 사회에 들어오면 차별을 하고 내쫓기 쉬워요. 그래서 이방인을 내 주변에 어느 정도 가깝게 둘 수 있느냐를 심리적으로 측정하는 게 소셜 디스턴싱이었어요. 물리적 거리를 사회적(소셜)으로 해석해버리니 각자 고립해서 살아가라는 의미가 돼버린 거 같습니다.

앞서서 주 교수님이나 장 교수님께서 말씀하셨던 내용과 김병연 교수님이 최선의 접점을 찾으시는 것에서 또 다른 가능성을 볼 수 있지 않을까하는 생각이 들었는데요. 주 교수님께서 말씀하시기에 사실은 국가가 유·무능 여부에 따라서 유능한 국가는 좀 더 잘할 수 있을 것 같다, 권력을 남용하지 않고 자유를 덜 뺏으면서 할 수 있지 않을까 하셨죠.

그다음에 장 교수님 말씀은 정보와 기술을 잘 이용하면, 자유를 침해하지 않으면서도 주어진 정보와 주어진 자유의 제한을 최대한 활용한다면 기술적으로 해결이 가능하지 않을까 하는 거죠.

그렇게 본다면 이 자유와 안전이라고 하는 것 자체가 양립 불가능한 것이라기보다는 제로섬이 아닌 관계로 만들 수 있지 않을까 하는 가능성을 조금 느꼈습니다.

여기서 안전과 자유 사이의 딜레마를 말씀하시는데 안전에는 여러 가지 종류가 있는 것 같습니다. 홉스가 얘기한 것은 사실 내전의 가능성이라고 이해합니다. 내전 또는 외적인 전쟁, 외부로부터의 침입 등이 자유를 희생하게 만든 주범이었죠. 예를 들어 테러 가능성 때문에 국내의 자유를 제한한다는 것이죠.

바이러스의 침입 때문에 안전이 자유를 제한한 경우는 이번이 처음인 것 같습니다. 전쟁의 가능성과 바이러스에 의한 위험에는 또 어떤 차이점들이 있는지 말씀해주시겠습니까?

이진우　사실 자유와 안전이 제로섬 게임은 아니죠. 우리 모두 다 알고 있는 거니까요. 차라리 둘 다 우리를 위한 개념이라고 보고, 어떻게 서로 상보적인 관계로 만들어갈 것인가는 계속되는 좌담회를 통해 밝혀낼 수 있을 것 같습니다.

두 번째 질문이 아주 흥미롭고 답하기 어려운 문제인 것 같습니다. 전쟁에 의한 위기와 바이러스에 의한 위기의 차이가 도대체 무엇인가? 2001년에 9·11테러가 터졌습니다. 바로 '테러와의 전쟁'이 선포되고 미국이 안전한 줄 알았는데 안전하지 않다는 것을 알게 되니까 자유의 원칙에 덧붙여서 안전의 원칙이 부상되는 시기였습니다. 당시 미국을 여행하거나 해외 여행을 해보신 분들은 비행기 보안 검색을 엄청나게 강화했던 걸 기억하실 겁니다. 그 불편함이 결국 우리의 안전을 위한 거라는 생각에 사람들이 지루한 검색 시간을 견뎠거든요. 그 사태 이전만 해도 공항에 2시간 전에 나오라고 했는데, 요즘은 3, 4시간 전에 가야 한다는 말이 나올 정도잖아요.

그래서 우리가 살고 있는 21세기가 안전의 시대라고 주장하는 사람들도 있습니다. 이럴 때 테러는 외부로부터의 위협이거든요. 외부로부터 위협이 있을 때는 위협을 받는 국가와 단체와 조직은 훨씬 더 결속할 수 있습니다. 위기나 불안이 끈끈한 접착제 역할을 하는 거죠.

문제는 바이러스가 외부로부터의 위협이 아니라는 사실입니다. 내부에 퍼져 있는 거예요. 조금 전에도 말씀드렸지만 사회 구성원 모두가 서로서로 잠재적인 위험 요소이고, 때에 따라서는 가해자이고 감염원이 될 수 있잖아요. 그런 의미에서 요즘에 다시 《리바이어던》을 끌어들이는 이유는 조금 전에 말씀드린 것처럼 우리는 내전과 같은 상황에 처해 있다는 거죠. 서로가 생명과 안전을 위협할 수 있다는 점에서 외부의 적에 대처할 때의 방안과 내부에 있는 위기의 원인에 대처할 때의 방안이 조금 달라져야 하는 것이 아닐까 생각해봅니다.

주경철　약간의 추가 설명을 드리자면 사실 전쟁의 위협과 전염병의 위협이 나뉜 건 역시 20세기 들어서의 일이지요. 예전에는 군대가 이동하면 병균도 옮겨 다니고, 전쟁에서 죽은 사람 중 총에 맞아 죽은 사람보다 병에 걸려 죽은 사람이 훨씬 많았어요.

예를 들면 나폴레옹의 러시아 원정에 참여한 군사 규모는 약 60만

명이었어요. 나폴레옹의 제국 내 모든 군인들을 선발한 거나 마찬가지인데 러시아는 먹을 것을 모두 불태우고 농촌을 황폐화시키면서 후퇴했지요. 이때 프랑스군에 발진티푸스가 유행하기 시작했어요. 군복이나 담요 같은 걸 소독하지 못했기 때문이죠. 급기야는 언어와 문화까지 다른 60만 대군이 흔들렸고 패전으로 이어졌잖습니까?

이런 현상이 극복된 것이 러일전쟁 이후라고 이야기합니다. 그때부터 병사들에게 백신을 맞히고 전쟁에 나갔다는 거예요.

사실 전쟁이나 바이러스는 개념적으로 분리하는 것이 맞고, 특히 현대에는 나누는 것이 당연하지만 과거로 올라가면 전쟁이나 내전이나 전염병이나 모두 다 합쳐져 있었죠. 그래서 이런 문제도 앞으로 다 함께 생각해봐야 하겠습니다.

이진우 그럼 이렇게 볼 수도 있겠네요. 옛날에는 전쟁이 일어나면 반드시 역병이 같이 돌았잖아요. 인류 역사상 가장 큰 희생을 낸 전쟁이 제1차세계대전(1914~1918년)이라고 해요. 희생자가 1,500만 명 이상이었다는데 전쟁이 끝나 갈 무렵에 스페인 독감이 전 유럽을 덮쳐서 그 3배나 되는 생명을 앗아갔잖아요. 4천만 명이 넘게 죽었다니까요. 세계대전으로 수많은 나라 사람들이 모였다가 흩어지니 인플루엔자에게는 이보다 더 좋은 호재가 없지요.

우리 역사에서도 거란의 침공 때 역병이 돌았고요. 유행성출혈열도 한국전쟁 때 중공군을 따라온 들쥐들이 원인이었다고 합니다.

이번에는 전쟁 상황에서 역병이 창궐한 건 아니잖아요. 그래서 순진한 의문이 생깁니다. 거꾸로 전염병이 먼저 돌고 또 혹시 전쟁이 나는 건 아닐까 하는.

모두 (공감) 그럴 수 있죠.

한준 민족주의를 강화하게 되니까 개연성이 충분합니다.

장대익 국가주의를 강화하고 보호무역을 하려고 하면 누군가 살기 위해 최후의 수단으로 전쟁을 일으킬 수도 있는 거죠.

주경철 이 모든 요소들이 서로 엮여 있기 때문에 전염병이라고 하는 것이 경제 문제를 순간적으로 악화시킬 수도 있고, 정치적으로도 갈등을 격화시킬 수도 있습니다. 국제 갈등을 더 증폭시킬 수 있는데, 꼭 기계적으로 어떤 순서로 나타난다고 얘기할 수는 없습니다. 역사란 건 살아 있는 유기체와 같으니까요. 하지만 그럴 개연성은 충분히 있죠.

김병연 예, 이로써 첫 발표 토론을 마치도록 하겠습니다. 오늘 말씀하신 이야기를 정리해보겠습니다.

- 자유와 안전의 최적점을 찾기 위한 노력은 계속되어야 한다.
- 국가의 역할은 필요하다. 하지만 스마트하게, 가능하면 자유를 침해하지 않고 슬그머니 찔러주는 넛지, 혹은 스마트 방역 같은 것이 필요하다.
- 사람에 대한 신뢰는 모르겠지만 제도에 대한 신뢰가 높은 나라일수록 자유와 안전의 접점을 찾기가 더 쉬울 것이다.

앞으로 생각하고 토론할 문제를 잘 제시해준 것 같습니다.

2장

시장경제의 구조적 변화와 민주주의의 위기

김병연

서울대 경제학과 교수

안녕하세요? 서울대학교 김병연입니다.

오늘 제가 말씀드릴 주제는 '시장경제의 구조적 변화와 민주주의의 위기'입니다. 민주주의와 시장경제는 인류 역사상 가장 발전된 제도라고 할 수 있습니다. 두 제도 모두 인간의 자유를 기초로 하고 있습니다. 또한 수평적 관계입니다. 뿐만 아니라 경제발전의 기회를 제공하기도 합니다. 이런 면에서 민주주의와 시장경제를 결합하면 인류의 후생을 증가시키고 또 자유를 촉진하게 됩니다. 게다가 두 제도는 서로를 강화하기도 합니다. 막스 베버의 이론에 따르면 수평적 체계는 경제발전을 낳습니다. 윗사람 눈치를 보지 않고 열심히 일해서 얻은 소출을 개인이 소유하면 경제가 발전되는 것입니다. 이로 말미암아 중산층이 성장합니다. 이것은 민주주의의 기초가 됩니다.

민주주의는 견제와 균형에 기초하기 때문에 제도의 안정성을 담보합니다. 따라서 자본주의가 발전합니다. 즉, 자본주의와 민주주의의 만남은 아주 강고하고 아름다운 결합이라고 볼 수 있습니다. 여기에서 우리가 던질 수 있는 질문은 이 두 제도가 앞으로도 계속 동행할 수 있을 것인가입니다.

	1803년 영국	2017년 영국	2007년 미국
소득 불평등 정도	상위 1.4%의 귀족이 전체 소득의 15.7% 차지	상위 1%의 부유층이 전체 소득의 17% 차지	상위 1%의 부유층이 전체 소득의 23.5% 차지
정치 체제	성인 남자의 6%만이 선거권 있음(귀족정치)	성인 모두에게 선거권 있음(민주주의)	성인 모두에게 선거권 있음(민주주의)

출처: Royle(1997), Guardian(2020), Rajan(2010)

위의 표를 보면 우려스러운 점이 하나 있습니다. 1803년 영국의 소득 불평등 정도를 보면 상위 1.4%의 귀족이 전체 소득의 15.7%를 차지하고 있습니다. 그때는 성인 남자의 6%만 선거권이 있었습니다. 즉, 귀족정치였던 겁니다. 2017년에는 상위 1%의 부유층이 전체 소득의 17%를 차지하고 있습니다. 지금 민주주의 제도하에서의 결과입니다. 현재는 성인 남녀 모두에게 선거권이 있습니다. 미국의 경우는 불평등이 더 심각해서 상위 1% 부유층이 전체 소득의 23.5%를 차지하고 있습니다. 귀족정치 때보다 더 높은 불평등이 과연 귀족정치를 타파한 민주주의에서 용납될 수 있는가 하는 것이 문제입니다. 경제가 성장할수록 소득 불평등이 심화하는 구조적인 현상이 드러나고 있습니다. 이는 결과적으로 민주주의를 불안정하게 만들고 동시에 양극화를 촉진합니다. 제도가 불안정하면 포퓰리즘이 등장하게 됩니다. 그것은 경제발전을 제한하는 것이죠. 즉, 민주주의와 시장경제는 탈동조화하거나 균열이 일어나고 있다고 봐도 과언이 아닙니다.

그러면 어떤 요인들이 이런 문제를 야기하는 걸까요? 바로 구조적 요인입니다. 일시적인 충격이나 일시적인 문제가 아니라 자본주의를 발전시키는 동력, 혹은 요인이 바로 이런 문제를 야기한다는 것입니다. 바로 세계화, 그리고 지식경제입니다. 이 두 요인은 숙련 편향적 경제성장을 초래합니다. 고학력 고숙련 근로자에게는 높은 소득을 담보하지만 그렇지 못한 사람의 소득은 정체하는 것이죠. 그 결과 소득이 더욱 불평등해집니다.

영국의 프리미어리그 맨체스터 유나이티드의 유명한 축구선수 보비 찰튼은 1966년 월드컵 대회에서 영국을 우승시킨 장본인입니다. 한마디로 축구 레전드입니다. 1969년에 그가 속했던 맨유 구단 선수의 총연봉은 지금 가치로 환산했을 때 350만 파운드였습니다. 그렇다면 현재 맨유 구단 선수의 총연봉은 얼마일까요? 2억 파운드입니다. 지난 50년 동안 축구선수의 연봉이 실제 소득으로 58배 인상되었습니다. 왜 그럴까요? 예전에 보비 찰튼이 축구선수를 할 때는 이 경기를 보는 사람들이 영국 국민뿐이었습니다. 지금은 전 세계인이 프리미어리그를 지켜보고 있습니다. 시장이 커진 겁니다. 그럴

수록 높은 재능을 가지고 있는 사람들의 소득은 증가합니다.

하지만 시장이 커진 만큼 경쟁이 심화하니까 경쟁에서 밀려난 사람들은 소득이 정체하는 것이죠. 이게 양극화의 시초입니다. 또 지식경제의 도래도 원인의 하나입니다.

기간	주요 수출품
1945 - 1960	어패류, 곡물, 광물
1961 - 1970	광물, 어패류, 생사
1971 - 1990	의류, 신발, 음향기기
1991 - 2000	자동차, 컴퓨터
2001 - 현재	반도체, 자동차, 평판디스플레이, 컴퓨터

출처: 무역협회(무역 KEYNOTE), e-나라지표 등

위의 표는 지난 70년 동안 한국의 주요 수출품을 나열한 것입니다. 우리의 경제발전 초기에는 광물, 어패류 등을 수출했습니다. 지식 콘텐츠가 매우 낮은 생산품들이라고 볼 수 있습니다. 지금은 자동차, 반도체, 디스플레이, 컴퓨터 등을 수출합니다. 지식 축적이 집약된 상품들입니다. 이를 봐도 알 수 있듯이 인간 사회가 발전하면서 더욱더 많은 지식이 축적된 상품을 만들고 수출합니다. 이것은 한국뿐만 아니라 다른 나라도 마찬가지입니다. 이런 현상이 심화할수록 고학력, 고숙련 근로자의 소득은 당연히 증가합니다.

재미있게 설명하기 위해 고지식, 고숙련 근로자 별명을 빙고 씨

라고 정해봤습니다. 빙고 씨는 전 세계로부터 러브콜을 받고 있습니다. 자신의 기업에 취직하라고 초청받고, 다른 나라에서도 일하라고 유혹합니다. 또 빙고 씨는 전 세계를 시장으로 자신의 물건을 판매합니다. 선진국들이 영주권을 준다, 시민권을 준다고 하며 전 세계 인재들을 불러들이는 걸 보면 잘 알 수 있습니다. 당연지사이지만 그들의 소득이 높아지겠죠.

반면 저지식, 저숙련 근로자의 이름을 망고 씨라고 붙여보겠습니다. 이분은 전 세계 근로자들과 경쟁해야 됩니다. 미국 페이스북의 직원 평균 연봉은 24만 달러입니다. IBM의 평균 연봉은 5만 5천 달러입니다. 페이스북은 전 세계를 대상으로 서비스를 제공하지만 경쟁력이 있습니다. IBM은 페이스북 같은 독점력은 없습니다. 따라서 페이스북 근로자와 IBM 근로자 사이에 소득 차이가 크게 나는 것이죠.

이것이 구조적인 문제입니다. 해결하기는 매우 어렵습니다. 사실 아직까지 해결책을 제대로 만들어본 적도 없습니다.

전통적으로는 이렇게 불평등이 심화하면 부유층, 혹은 큰 기업으로부터 세금을 걷어서 저소득층에게 재분배하는 정책을 폈습니다. 그런데 이런 정책을 더 이상 사용하기가 어려워졌습니다. 그 이유는 부유층과 기업은 국제 간 이동이 쉽기 때문입니다. 그리고 이들을 자국으로 유치하는 경쟁이 국가 간에 심화하고 있습니다.

이 문제를 많이 고민했던 사람이 토마 피케티(Thomas Piketty)죠. 그는 자본의 수익률이 경제성장률보다 높아질 경우 불평등 또한 그에 비례해 늘어난다고 주장했어요. 그래서 현재의 불평등 문제를 해결하기 위한 방안을 고민했죠. 국제적으로 동시에 부에 대해 매기는 세금, 글로벌 자본세(a global tax on wealth)를 제안했는데 이런 처방책도 사실은 현실성이 떨어집니다. 글로벌 자본세라는 것은 모든 나라가 동일한 자본세율을 도입해서 국가 간 경쟁을 막자는 것인데 실제 세계는 약육강식의 정글 아닙니까? 이런 정책 처방은 현실성이 거의 없다고 볼 수 있습니다.

한국의 소득 불평등 정도를 보면 높은 편입니다. OECD 회원국

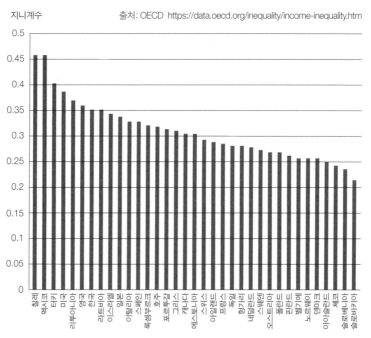

지니계수로 본 OECD 국가별 불평등 정도

중에서 한국이 7위 정도입니다. 더 큰 문제는 한국은 재정의 소득 재분배 기능이 약하다는 점입니다.

즉, 조세와 이전 지출을 통해 정부가 소득분배를 개선하는 정도가 다른 나라에 비해 낮다는 것입니다. 그 이유는 재정 지출이 정치적으로 이루어지거나 혹은 경기 부양 목적으로 이뤄지기 때문에 가난한 사람들에게 집중되지 못하는 문제가 있다는 것입니다. 이 문제를 어떻게 해야 할까요? 토론 시간에 좀 더 자세히 말씀드리겠습니다.

참고문헌

* Royale, E., *Modern Britain : A Social History 1750~1997*, 1997
* Rajan, R., *Fault Line*, Princeston UP
* Guardian, https://www.guardian.com/money/2020/may/21/top-1-of-british-earners-get-17-of-income, 2020

이진우 안녕하세요. 오늘 좌담회 사회를 맡은 포스텍 이진우입니다. 김병연 교수님의 발표를 들었는데요. 어떻게 보면 팬데믹이라는 것은 자본주의의 세계화로 생겼다고 얘기하지 않습니까? 그러니까 팬데믹은 우리가 살고 있는 21세기의 기본 질서라고 할 수 있는 자본주의, 또 민주주의와 직접적으로 연결되어 있는 것 같아요. 그래서 사실은 팬데믹 이후에 자본주의가 이대로 계속 갈 수 있을까? 민주주의는 지속 가능한 것인가? 이런 문제에 대해 아주 예리하게 분석해주셨습니다. 오늘 이 문제에 대해 자유롭게 토론하고 대화하면서 나름의 방향을 찾아보도록 하겠습니다.

한준 자본주의로부터 세계화, 또 다른 측면에서는 지식경제로 넘어오면서 불평등의 증가가 결국 균열을 가속화했죠. 저희가 미국에서 봤던 것처럼 포퓰리즘이 민주주의를 불안정하게 만드는 것 같습니다. 그런 의미에서 민주주의와 자본주의가 보조를 맞춰 가려면 불평등을 해결하는 것이 제일 중요하다고 생각합니다. 한국 사회를 보면 불평등이 늘어나는 문제가 세대 간에 굉장히 많이 거론되는 것 같습니다. 이 세대의 불평등이라고 하는 것이 김병연 교수님이 보시기에 어떠신지요?

김병연 세대의 불평등에는 두 가지 차원이 있는 것 같습니다. 하나는 소득 불평등 정도가 객관적으로 다르다는 점입니다. 왜냐하면 젊은 세대들이 보기에는 나이 많은 세대가 자산도 많고, 또 예전에 직업 안정성도 누렸고, 전부 다 가진 것 같거든요. 세대 간 불평등이라는 것은 소득 불평등을 반영하는 것입니다. 또 하나는 세대 간 경험이 다른 데서 오는 차이, 의식의 차이 같은 것도 불평등 혹은 세대 간 갈등의 원인이 되겠죠. 후자의 경우는 소득과 일정한 관계가 없지만 아마 젊은 사람들, 소득이 높을 때 태어난 사람들의 눈높이에서 보는 과거 세대에 대한 불만도 있겠죠. 그 두 가지가 중첩된 문제로 보입니다.

장대익 불평등이라고 하는 문제는 팬데믹 이후 사회 균열을 일으키거나 붕괴시킬 수도 있는, 기저에 깔린 키워드로 여기신다는 생각이 듭니다. 과연 지금의 자본주의나 민주주의가 이 문제를 해결할 수 있느냐 하는 큰 질문을 하고 싶어요. 답이 없을 수도 있지만 기존의 자본주의와 민주주의가 이런 불평등을 해결할 수 있는 잠재력을 갖고 있을까요? 왜냐하면 지금 경제 흐름을 봐도 대부분 플랫폼 기업들을 선호하잖아요. 플랫폼 기업을 지향하는데 빅테크 기업들을 보면 소수의 사람들이 엄청난 부를 가질 수밖에 없는 구조로 가고 있습니다. 예를 들면 아마존이나 구글, 테슬라의 CEO들에게 막대한 부를 안겨준 혁신을 사람들이 찬양하고 있잖아요. 그런 상황에서 일자리는 별로 늘어나지 않는데 소득은 엄청나게 증대해서 불평등이 심화하고 있지요. 이런 상황이 현재의 시스템 안에서는 자연스러운 귀결일 수도 있습니다. 저는 민주주의나 자본주의가 정말 우리 인류가 상상할수 있는 가장 최적의 정치경제 체제인지 잘 모르겠어요. 뭔가 그다음을 생각해야 될 것 같은데요. 사실 좀 큰 얘기입니다만 교수님이 깊이 연구를 하시니까 여쭙겠습니다. 그 불평등을 해결할 수 있는 시스템이 과연 지금 상황에서 가능할까요? 혹은 다른 게 더 있을까요?

주경철　대답할 자신 있으세요?(웃음)

김병연　제가 그걸 대답할 수 있다면 21세기에 새로운 현자가 탄생했다고 할 것 같아요.

이진우　일단 노벨경제학상부터 받으셔야죠.(웃음)

김병연　제가 참여해본 미국 경제학회에서 예전에는 불평등 문제가 별로 등장하지 않았어요. 그런데 최근에는 가장 큰 이슈가 불평등이거든요. 불평등이 심각하다고 말하지만 대책을 내놓는 경우는 별로 없어요. 그만큼 어떤 면에서는 어려운 문제라고 생각하는 것이지요.

그러나 자본주의 다음에 민주주의 외에 다른 대안이 있을 것인가 하는 질문은 답하기가 어려워요. 자본주의, 민주주의라는 것도 사람이 의도해서 만든 게 아니잖아요. 자본주의는 자연스럽게 생겼고 민주주의는 여러 가지 과정을 거치면서 축적된 것이지요. 어떤 사람이 자본주의가 문제가 많다, 혹은 민주주의가 위험하다 해서 새로운 체제를 구상하려고 하면 아마 그건 훨씬 더 나쁜 체제일 가능성이 높아요. 그게 바로 사회주의거든요.

사회주의는 누군가 의도해서 만든 시스템이라서 자연질서에 맞지 않아요. 실패했거든요. 그래서 새로운 체제를 찾으려고 하기보다는 우리가 민주주의와 시장경제의 장점을 알고 있으니 그것을 수정, 보수, 개선하는 노력을 더해야 한다는 생각이 듭니다. 이것이 심각한 문제라는 점을 인식하는 것부터 출발해야 하지 않을까 싶어요.

많은 사람들이 이렇게 생각하죠.

그동안 민주주의 시장경제를 잘 운영해왔는데 뭐가 문제인가?

이렇게 생각하는 것이 문제인 거죠. 그래서 구조적인 문제가 이미 벌어지고 있다, 여기에서 더 늦어지면 위험하다고 인식하는 게 중요한 것 같아요.

예를 들면 예전에 영국이 이웃 나라 프랑스혁명을 보고 이렇게 가면 우리에게도 조만간 혁명이 일어나겠다, 그래서 더 좋은 길이 뭔가 하고 방법을 찾다가 보다 민주적인 절차, 그리고 그 불평등을 완화하는 복지 시스템을 고안했죠. 이처럼 일단 우리가 이렇게 계속 가면 안 된다는 걸 인지하는 것이 문제 해결의 출발점이라고 생각합니다. 구체적인 내용들은 나중에 기회가 되면 말씀드리겠습니다.

이진우 자본주의 체제의 대안을 모색하면 할수록 오히려 더 나빠질 수 있다고 말씀하셨는데 장 교수님 혹시 훨씬 더 좋은 대안을 가지고 계십니까?

장대익 자본주의가 인간의 본성에 잘 들어맞기 때문에 성공해왔다는 것은 저도 동의합니다.

이진우 진화론적으로도 그렇습니까?

장대익 네, 그렇습니다. 사실 어떻게 보면 인간의 탐욕을, 인간의 욕심을 잘 구현할 수 있는 시스템이라는 생각이 듭니다. 한편으로는 자본주의가 굉장히 발달해서 그야말로 빈익빈 부익부가 나타난다고 했을 때 그것이 매우 자연스럽다고 느끼는 순간 어떤 모순에 빠질 것 같아요.

예를 들면 내가 속한 사회에 1천 명이 살고 있는데 나와 또 한 사람이 기업을 잘 만들어서 엄청난 부를 갖고 있어요. 그러면 우리 두 사람은 서로 행복해하는데 나머지 998명은 부러운 눈빛을 보내고 있거든요. 그러면 그 사회가 과연 행복한 사회일까 생각해보면 그건 아니거든요.

그렇다고 해서 그런 부를 쌓게 만든 혁신이라든가 개발, 혹은 기업의 창의성을 누를 수는 없다는 거죠. 어떤 시스템을 만드는 것, 예를 들면 반독점법이나 다른 것들일 수 있는데 시스템을 수정하고 보완해나간다는 생각을 할 수 있죠. 그런데 보완하는 순간 자본주의의 근간을 건드린다면 그건 보완이 아니잖아요. 저는 개인적으로는 자본주의가 인간의 본성에 잘 들어맞기 때문에 지금까지 잘 유지되고 있다고 생각합니다. 또 한편으로는 우리의 욕망 중에 같이 잘살고자 하는, 그리고 다른 사람이 우리에게 슬픈 표정을 지었을 때 우리는 행복할 수 없다고 하는 또 다른 본성이 있죠. 그렇기 때문에 이것은 반드시 해결해야 될 문제라는 생각이 들어요.

이진우 그런데 김병연 교수님 말씀을 들으면서 떠오른 생각인데 사실 자본주의가 이렇게 지속되는 데 가장 커다란 공헌을 한 사람이 누구냐고 묻는다면 역설적으로 카를 마르크스라고 얘기하거든요. 왜냐하면 그는 이렇게 예언했어요.

"자본주의 체제는 자기모순에 의해 붕괴될 것이다."

붕괴된다고 하면 이 사회가 어떻게 될 것인가? 많이 고민하다 보니 소위 자유주의 경제학자들의 주장에 분명 문제가 있거든요. 그 중 하나가 불평등 문제죠. 그런 모순에 봉착하지 않도록 끊임없이 자기수정을 해왔다는 거예요. 그게 심리학에서 말하는 일종의 '자기충족적 예언'인데 부정적인 의미에서 저런 상태가 되지 않기 위해 우리는 끊임없이 노력한다는 거죠. 이런 의미에서 제가 보기에도 자본주의의 가장 커다란 강점과 장점 가운데 하나는 자기수정 능력이 있다는 것이에요. 과연 그것이 지금도 작동하느냐 하는 것은 별개의 문제이고요.

또 다른 하나는 이렇게 볼 수도 있지 않을까요? 지금 불평등이 심각하다고 얘기했는데 카를 마르크스가 말한 고대 노예제도부터 중세 봉건제 신분사회를 거치면서 과거 사회는 다른 종류의 불평등이 심하지 않았습니까? 그런데 과거 사회보다 지금 불평등이 훨씬 더 심각한 건가요? 저는 주 교수님께 그런 질문을 던지고 싶었어요. 과거보다 우리가 살고 있는 21세기의 불평등이 정말 많은 사람들이 얘기하는 것만큼 심각한 것인가?

주경철 수치로 이야기한다면 지금 부유한 사람과 가난한 사람 사이에 격차가 훨씬 더 벌어졌죠. 그 관점에서 본다면 더 차이가 커졌다고 이야기할 수 있어요. 하지만 어떤 사회에서 불평등한 사람들이 더 불행했는가라고 관점을 바꾸면 일률적으로 이야기할 수 없을 것 같아요.

21세기 초반에 이와 같은 감염병 위기를 거치고 나서 자본주의를 대신하는 새로운 체제가 당장 나올 거 같지는 않아요. 그런데 팬데믹 이전에도 불평등 문제가 굉장히 심했잖아요. 이런 위기라고 하는 것이 그래도 어떤 기능이 있다면 그와 같은 위기를 좀 가속화하고 세상에 들춰내는 것이겠죠. 어떤 문제가 드러나야 사람들이 그것을 해결하려고 시도할 거 아니에요? 그런 점에서 새로운 해결책을 찾으려고 하는 굉장히 큰 압력으로 작용하지 않을까요? 물론 그 답이 뭔지는 모르겠지만요.

이진우 문제의 상처를 드러나게 한다는 점에서는 오히려 이 코로나19 팬데믹 사태가 도움이 될 수도 있겠네요.

주경철 결과적으로는 그렇죠.

김병연 코로나19 바이러스 같은 역병이 소득 불평등을 악화하는 거예요. 어떤 면에서는 그 위기에 가장 고통받는 사람들이 약자이거든요. 이미 벌어진 불평등을 더 벌어지게 만드는데 그것도 충격적으로 벌어지게 만드니 문제예요. 어떤 면에서는 자본주의 발전의 구조적 문제를 우리가 목도할 수 있도록 기여하는 거죠. 문제는 이게 민주주의 시대에 생겼다는 거예요. 아까 말씀하신 것처럼 역사적으로 봤을 때 지금의 불평등을 5세기와 비교한다면 당연히 과거가 높겠죠. 하지만 지금은 민주주의 시대이니까 균등 보조가 안 맞는 것이죠. 그게 더 큰 문제라고 볼 수 있겠고요.

일단 우리가 자본주의라고 뭉뚱그려 말하지만 사실 양상은 다양하잖아요. 대부분 북유럽 자본주의가 제일 낫다고 생각하죠. 북유럽은 불평등도가 상당히 낮거든요.

이처럼 우리가 생각할 수 있는 것은 목표를 먼저 정하자는 겁니다. 다시 말하면 한국의 지니계수가 0.35 정도라면 북유럽 수준으로 바로 가지는 못하겠지만 0.3 정도로 잡아보는 거죠. 그 정도면 OECD 평균 수준입니다. 그 정도는 불가능하지 않거든요. 큰 고민을 하게 되면 압도당해서 별 대책이 없는데 그 정도로 낮춰서 목표를 정하면 방법이 있거든요.

한국 같은 경우에는 발표할 때 말씀드린 것처럼 재분배 정책을 잘못 쓰고 있어요. 한마디로 타깃팅을 제대로 못 하는 거죠. 가장 취약계층을 타깃팅해야 하는데 말이죠. 우리 정부가 돈 쓰는 부분은 정치적 목적 아니면 경기 부양 쪽이 많거든요. 그러니까 정작 도움이 필요한 약자들이 재분배 정책의 혜택을 받기 어려워요. 너무 큰 그림을 그리다가 압도당하는 것보다는 차근차근 할 수 있는 것부터 해나가자는 마음으로 시작할 수 있을 것 같습니다.

장대익 불평등을 줄이기 위해서 기본소득제도라든가 테크 기업들이 인공지능을 활용해서 사람들을 쓰지 않고 돈을 더 많이 버니까 로봇세 같은 걸 도입하자는 제안들을 하지 않습니까? 그런 정책의 현실성은 어떻게 생각하시나요?

김병연 로봇세 같은 건 아직까지 첨예하게 거론되고 있지는 않아요. 하지만 기본소득은 지금 당장의 문제로 등장하고 있지 않습니까? 그런데 소득 재분배 기능을 보면 역진적이죠. 왜냐하면 똑같이 돈을 주는 거니까. 부자나 가난한 사람이나 상관없이 불평등을 오히려 증가시키는 거죠. 지금 받고 있는 그 취약계층의 사회안전망에 추가로 기본소득제도를 시행한다면 막대한 재원이 소요되는 거죠. 예를 들어서 1인당 연 300만 원 정도를 준다, 한 달에 25만 원 정도 준다 하면, 우리나라 인구를 곱했을 때 150조 원 정도 드나요? GDP 10%를 붓는 거예요.

장대익 원래 25만 원 주는 건데도요?

김병연 예, 이 자금을 어떻게 조달할 것이냐 하는 문제가 생기는 거죠. 제가 볼 때 전 국민을 대상으로 한 기본소득제는 아직 현실적으로는 어렵습니다. 그렇지만 이 제도에 장점도 있는데 미래의 불확실성에 대비하는 측면, 그리고 또 사람들이 국가로부터 보호받는다는 일종의 신뢰감 같은 것이겠죠? 그러면 어떤 특정 계층이나 집단에 국한된 기본소득제를 먼저 실험적으로 시행해보고 그 결과를 보자고는 할 수 있겠죠. 예를 들어서 새롭게 청년층에 진입하는 사람들한테 기본소득제를 한다든지 혹은 노인 계층이라도 가능하겠죠. 그렇게 효과를 보면서 점점 나아갈 필요가 있어요. 갑자기 도입되는 기본소득제는 소득 재분배도 위험하고, 재원 조달 문제도 있고, 또 경제학적으로 볼 때 저축률도 떨어지면서 다른 문제가 생길 거 같아요. 그래서 저는 당장은 보편적인 기본소득제는 어렵다고 보고 있습니다.

이진우 기본소득제는 사실 여기서 논의하자고 하면 몇 시간이 필요한 뜨거운 문제인 거 같습니다. 본래의 논의로 돌아가면 김병연 교수님이 소득 불평등, 재산 불평등, 소위 말하는 이 불평등이 팬데믹 사태로 인해 더 악화하고 심화한다고 말씀하셨잖아요? 21세기 오늘날 우리가 겪고 있는 불평등이 대부분 두 가지 원인 때문이라면서 지식 경제와 세계화를 말씀하셨습니다.

제레미 리프킨(Jeremy Rifkin)이 오래전에 베스트셀러《노동의 종말(The End of Work)》에서 이렇게 말했죠.

"앞으로 21세기는 사실 지식 기반 사회가 되기 때문에 노동자들도 지식 노동자와 서비스 노동자로 나뉘질 것이다."

이번에 확연하게 드러났듯이 코로나19 사태로 별로 영향을 받지 않은 계층은 지식 노동자라는 거죠. 재택근무도 가능하고, 원격으로 회의도 가능하고, 소득도 별로 줄어들지 않았죠. 반면 서비스 업종에 종사하는 사람들은 식당도 문을 닫고, 카페도 문을 닫고, 공연도 중단되고……. 이러다 보면 소득 양극화가 훨씬 더 심해지는 거잖아요.

그러면 저는 궁금증이 생깁니다. 지금 우리가 겪고 있는 소득 불평등이라는 것이 이미 진행되고 있는, 다시 말해 코로나19와 관계없이 진행되고 있는 메가트렌드와 유사한데, 이것이 코로나19로 인해 더 가속화되고 나빠졌다면, 코로나19와 무관하게 우리가 해결해야 할 문제 아닐까요? 그러면 도대체 이 문제는 어디서부터 손을 대야 할까요?

김병연 앞선 주제에서 논의된 것처럼 결국 정부의 역할이 필요합니다. 정부가 필요한 재원을 잘 조달해서 재분배하는 정책이 필요하다는 것이죠. 문제는 말씀드린 것처럼 과도하게 쓰면 자본이나 부유층은 잘 이동할 수 있으니까 다른 나라로 가버리거든요. 그러면 그 나라는 세금 걷을 계층이 없어지는 거 아니겠습니까? 그러다 보니 그런 정책을 함부로 못 쓰는 거죠.

그래서 사회적 연대와 같은 것이 필요해요. 북유럽은 사회적 연대가 강하기 때문에 세금이 많더라도 그걸 수용하지 않습니까? 그런데 나라가 분열되어 세금이 더 오르면 사람들이 다른 나라로 가버리잖아요? 따라서 우리도 결국 사회적 연대, 소통이 필요한 것 같아요.

경계할 것은 그럴 때쯤 되면 반드시 정치가들이 등장해서 이렇게 말하죠.

"여러분들이 힘들게 사는 이유가 뭐냐 하면 소수의 부유층 때문입니다. 특권층 때문에 살기가 힘든 거예요."

대중들에게는 그런 말들이 확 와 닿거든요. 감성적으로 생각하는 거죠. 단순하고 명료하니까요. 실제로는 구조적이고 근원적 문제인데 정치는 자신들이 지목하는 곳에 문제가 있는 것처럼 여기게 함으로써 표를 얻어 권력을 잡거나 유지하는 것 아니겠습니까? 방치하면 민주주의와 자본주의는 완전히 결별할 수도 있습니다.

그래서 이런 흑색선전이나 가짜 뉴스, 사회문제의 원인을 호도하거나 희생양을 만드는 것들에 대한 경각심도 동시에 필요합니다. 그런 것들은 사회의 균열을 더 가속화하기 때문에 각별히 조심할 필요가 있습니다.

장대익 북유럽을 말씀하셨는데 저와 주 교수님을 포함해서 몇몇 분들이 3년 전쯤에 북유럽 탐방을 간 적이 있습니다. 그곳 정책 담당자들을 만나 얘기해봤는데 지금 말씀하신 대로 그곳은 세율이 굉장히 높지만 기본적으로 신뢰 관계가 있으니까 이 세금이 어떻게 쓰일지에 대한 의심이 별로 없어요. 물론 세율이 높다는 것에 대해서는 불만이 좀 있더라고요. 그리고 정말 많이 버는 기업은 거기에서 비즈니스를 하기 어렵다고 해요. 실제로 세율이 너무 높으니까요. 그런데 오히려 너무 돈만 목적으로 사업하는 사람들을 북유럽 사람들은 탐욕적이라고 가치 평가하기도 했어요. 세율이 문제가 아니라 그 세금이 어떻게 쓰이는지에 대한 투명성과 그것이 정말 효율적으로 쓰였다고 하는 신뢰, 이것이 정말 중요한 것 같습니다. 우리 사회가 갖고 있지 못한 거지요.

어떻게 집계하느냐에 따라 좀 다르겠지만 우리는 저출산 문제로 지난 20년 동안 200조 원 이상을 썼대요. 그런데 지금 그 문제를 해결할 수 없을 정도로 정반대의 결과가 나왔잖아요. 혹자는 이런 평가를 하기도 해요.

"한국 정부의 저출산 정책은 완벽하게 실패한 정책이다. 그간 집행한 혈세는 엉뚱한 곳에 쓰여 이미 출생한 아이들의 밥값과 사교육비로 탕진되고 말았다."

가혹한 평가까지 나오는 상황이죠. 이런 문제들을 누군가는 검증해야 되거든요. 그런데 이것이 안 되는 몇 가지 이유를 상정해봅니다. 기본적으로 그 정책을 만들고 집행하는 사람들이 실제로 이 돈을 썼을 때 우리 사회가 어떻게 변할지에 대한 냉정하고 정확한 시뮬레이션이 없었던 겁니다. 그야말로 정치적 이유 때문에, 혹은 또 다른 이유로 그렇게 퍼붓다가 그만두는 경우가 너무 많다는 생각이 듭니다.

한준 그 점에서 포퓰리즘의 위험성이 굉장히 중요한 것 같습니다. 말씀하신 대로 포퓰리즘은 민주주의만 위협하는 것이 아닙니다. 국가 정책으로 불평등을 완화할 수 있는 가능성을 차단하고, 때로는 새로운 불평등으로 막아서는 것이 아닌가 싶어요. 어떤 집단들 간에 이익 경쟁이 있다면 그 집단으로부터 소외되어 있는 사람들에게는 재분배 효과가 미치기 어렵죠. 그런 면에서 보면 역설적인 측면이 하나 있습니다. 말씀하셨던 불평등을 가져온 원인 중에 지식경제는 앞으로 계속 잘나갈 것 같고요. 세계화는 이번 팬데믹을 통해서 조금 주춤하는 것 같습니다. 그리고 또 미중 간의 블록화와 같은 대립 구도 때문에 세계화가 조금 더뎌지면 불평등이 완화할 것인가? 거기에 약간 함정이 있지 않을까 싶기도 합니다. 세계화가 약해지고 경제가 블록화하면 결국 포퓰리즘을 더 부추기지는 않을까 하는 우려와 위협을 느끼게 됩니다. 이에 대해 어떻게 생각하시는지 좀 의견을 듣고 싶습니다.

김병연 그로 인한 후생의 증가, 전반적인 경제성장 같은 것들은 무시하지 못하기 때문에 반세계화가 더 위험할 수 있을 것 같습니다. 이상적인 것은 국가 간 조율입니다. 어느 나라가 리더십을 발휘해서 다른 나라와 함께 일종의 모델을 만드는 거죠. 예를 들어 아래와 같은 주장은 실천하기 어려워요.

국가 간 특정 세율을 공동으로 부과하자.

나라마다 처한 환경과 여건이 다르기 때문입니다. 하지만 어렵다고 포기할 게 아니라 대안을 찾아보는 거죠.

세율의 범위를 정하고 가능한 이 범위에서 벗어나지 않게 하자.

이렇게만 해도 자본이나 부유층이 마음대로 이동하는 것을 어느 정도 막을 수 있죠. 국내 세율이 높으면 자산을 외부로 가져가는 사람들이 있잖아요? 국제 간에 그런 자산들을 투명하게 공개하는 제도를 만든다면 각 나라의 국세청에서 세금을 매길 수 있으니 국제 협조가 필요할 것 같습니다. 비근한 예로 인터폴 수사가 가능하잖아요. 그와 동시에 각 나라의 국내 정책까지 결합되면 좋지 않겠습니까?

세계화를 되돌린다는 건 불가능할 뿐 아니라 말씀하신 것처럼 포퓰리즘을 더 자극할 수도 있고, 또 성장에도 도움이 안 되기 때문에 아마 선택하기 어려울 겁니다. 선택한다 해도 바람직하지 못한 결과를 가져올 거라고 생각합니다.

주경철 김병연 교수님 말씀을 들으면 희망을 갖기보다 약간 암울해집니다.(웃음) 과연 인간이 만든 이 세계에서 그게 가능할까. 1차, 2차 세계대전이 끝나고 나서 케인즈의 문제의식이 이렇게 경제 문제를 놓고 다투다가 비참한 전쟁까지 일어나는 거구나, 그러니까 국제교역이라든지 금융질서 같은 것 자체가 세계 평화를 가져오는 거다, 해서 사실 어느 정도는 그 방법대로 간 거 아닌가요? 그런데 21세기로 들어선 지금 오히려 그런 것들이 무너지고 있잖아요. 지금이야말로 감염병 문제라든지 국제적인 불평등 해소에 대해 국제적인 공조가 가장 필요한 때인데 오히려 지금 그것이 묻히고 있어요. 이상적으로는 빨리 어떤 식으로든지 복구되어야 하겠지만 오히려 가능성은 갈수록 더 멀어지지 않습니까?

이진우 교수님께는 인간에게 과연 그런 정도의 이성적인 행동이 가능할까?(웃음) 장대익 교수님께는 이것이 진화론적으로 가능할까?(웃음) 하는 질문을 드리고 싶어요. 저는 김병연 교수님 이야기를 듣고 그냥 단순한 감상이지만 비감해지네요.

이진우 인간에겐 두 가지 측면이 있습니다. 우리의 삶과 행동을 주재하는 두 가지의 커다란 힘인 이성과 감정인데요. 실질적으로 우뇌가 담당하는 직관이라는 것도 종종 착각을 많이 하거든요. 어느 시기에는 감정이 더 우월한 시기도 있어요. 그럼에도 불구하고 인간은 동시에 합리적으로 판단하는 능력도 가지고 있습니다. 그래서 그렇게 꼭 비관적으로만 보고 싶지는 않아요. 유발 하라리가 말했잖아요.

"코로나19 사태가 우리에게 양자택일을 하도록 강요한다."

지금 김병연 교수님께서 발표하신 주제와 연관하면 이 문제는 국제적 협력을 통해서만 해결할 수 있는데, 협동할 것이냐, 아니면 민족주의로 퇴보할 것이냐, 하는 양축은 항상 있는 거죠. 여기에서 어떻게 조화를 이룰 것인가 하는 문제가 남아 있는 거 같아요. 그런데 오늘 김병연 교수님께서 던진 질문은 지금까지 당연한 것으로 여겨왔던 자본주의와 민주주의의 관계에서 자본주의가 심각한 불평등을 야기함으로써 실질적으로는 민주주의조차 위험에 빠뜨리고 있다, 그래서 위기이다, 이 위기가 코로나19로 인해 더 심각해진 것이 아닌가 하는 의미였던 거 같습니다.

그래도 이 분야를 가장 많이 연구하신 김병연 교수님이 너무 비관적이 아니라 낙관적으로, 팬데믹이 끝나고 난 다음에 자본주의와 민주주의가 어떻게 나아갈 것인지 이야기해주시면서 이번 좌담회를 마치겠습니다.

김병연 저는 비관적이기보다는 낙관적입니다. 지금 문제가 있지만 우리 역사가 보여준 것처럼 또 인간에게는 그걸 풀 수 있는 능력도 있습니다. 이런 문제를 인식하고 풀기 위해 노력한다면 어떤 기회가

있을 거라고 봅니다. 시민으로서도 그렇고 우리 정치와 경제 정책도
마찬가지죠. 그런 정책들이 시민들의 노력들과 결합되면 잘 계승될
거라고 생각하고 있습니다. 제 메시지는 이겁니다.

문제를 확실히 알자.

이것이 문제 해결의 출발점이라고 생각합니다.

<u>이진우</u>   오늘 주제에 대한 열띤 토론이 사실은 문제를 해결해가는 첫
걸음이 아니었나 생각합니다. 오늘 적극적으로 참여해주셔서 감사
합니다.

3장

역사 속 위기

주경철

서울대 서양사학과 교수

주경철
서울대 서양사학과 교수

세 번째 발표를 맡은 주경철입니다.

저는 '역사 속 위기'라는 주제로 말씀드려 보겠습니다. 현재 우리가 직면하고 있는 이 위기는 성찰이 필요합니다. 저는 역사 속에서 유사한 사례를 살펴봄으로써 그걸 찾고자 합니다. 오늘 발표의 주요 목적이기도 합니다.

우선 한 가지 사례를 들어보겠습니다. 1692년부터 1694년까지 프랑스에서 있었던 일입니다. 루이 14세가 식사를 하려고 식탁의 물과 포도주를 마시려고 하는데 그새 포도주가 얼었습니다. 이 해는 기온이 엄청나게 낮았는데 지금 역사가들은 아마 이때 프랑스의 기온이 영하 20도까지 내려갔을 것으로 추산하고 있습니다. 요즘 유럽에서는 영하 2~3도 이하로 내려간 적이 거의 없어요. 이 시대에 이렇게 이상 저온이 되다 보니 여름에도 기온이 올라가지 않아 결과적으로 대흉작이 생겼습니다. 이때 얼어 죽거나 혹은 기근으로 굶어 죽은 사람이 최소 200만, 아마 300만 명 가까이라고 추산하고 있습니다. 이 정도면 제1차세계대전 때 죽은 프랑스 사망자에 해당되는 숫자예요. 게다가 천연두 등의 전염병까지 돌았습니다. 그렇다 하더라도 왜 그토록 많은 사람들이 죽었을까요?

사실 인간이 병에 걸려 죽는 건 면역력이 약하기 때문이고, 면역력이 약해진 것은 사람들이 굶어서 영양 상태가 안 좋기 때문입니다. 그래서 굶주리고 추위에 시달리며 병에 걸리는 현상들이 복합적으로 인간을 공격해 막대한 피해를 가져오는 거죠.

문제는 이런 위기가 1692년에만 있었던 것이 아니라는 사실입니다. 전후를 살펴보면 비슷한 일들이 1630년, 1661년, 1692년, 1709년……, 이런 식으로 어느 정도 주기를 가지고 상당히 자주 일어났어요. 뿐만 아니라 역사적으로 큰 위기가 14세기와 17세기에도 있었는데 이것보다 훨씬 더 큰 규모의 위기에 인류가 직면하게 됩니다. 이걸 보면 인류 역사에 크고 작은 위기들이 늘 상존하거나 내재되어 있었다고 할 수 있어요. 다시 설명을 드리자면 어떤 역사의 큰 틀이나 구조가 있는데 외부에서 어떤 위기가 들이닥친다기보다 인류의 역사 안에서 크고 작은 위기들이 계속 자주 발생하고 있다는 것입니다.

대개 위기 상황이라는 것을 들여다보면 아까도 말씀드린 것처럼 기근에 따라 사람들의 면역력이 약해져서 질병에 시달리게 되고, 그것과 함께 전쟁이 일어나게 마련입니다. 대표적인 시기가 14세기예요. 이때 백년전쟁, 대기근, 페스트 등 아주 큰 위기가 한꺼번에 닥쳤죠. 이렇게 여러 가지 요소들이 함께 발생하여 위기를 불러온다는 것을 알 수 있는데, 오늘날 우리가 겪고 있는 코로나19도 이런 맥락에서 살펴볼 필요가 있을 것 같아요.

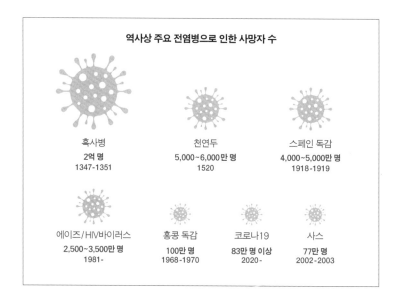

흑사병의 경우에는 2억 명이 죽지 않았을까 추산하고 있습니다. 그 외 16세기에 천연두가 5,000~6,000만 명 이런 식으로 역사상 엄청난 전염병들이 자주 일어나는 것을 확인할 수 있습니다.

그렇다면 왜 그렇게 인간 사회에 자주 위기가 빈발하고, 그 취약성은 도대체 어디에서 기인하는 것인지 이런 의문이 생기지 않을 수가 없습니다. 다음 두 가지 위기를 생각해볼 수 있습니다.

식량 위기
에너지 문제

농업생산이라는 건 근본적으로 취약성을 안고 있습니다. 어느 시점에 농업생산이 증가한다고 생각해보세요. 그러면 대개 식량이 늘어나니까 자연스럽게 인구도 늘어나겠죠. 문제는 생산이 증가하고 인구가 증가하는 현상이 계속해서 일어날 수 없다는 것입니다. 경제학에서 흔히 이야기했던 고전적인 수확체감의 법칙이 작용하는 겁니다. 재화의 생산에서 다른 생산요소들의 투입은 모두 일정하다고 가정하고 어느 한 가지 요소의 투입만을 증가시킨다고 가정해봅시다. 그러면 산출량이 증가합니다. 그렇지만 무한정으로 증가하는 게 아니라 어떤 시점에 도달하면 그 이후로는 추가로 얻는 산출량이 차츰 감소하게 된다는 경제법칙이죠. 한계 생산성 체감의 법칙이라고도 하잖아요. 그래서 '생산'은 늘어나는데 '생산성'이 감소하게 되죠. 어떤 한계에 부딪히면서 생산이 어느 시점부터는 줄어듭니다. 그러면 식량이 부족하게 되고 인구가 감소하는 현상이 도미노처럼 일어납니다. 인구가 감소하는 이 시점이 되면 다시 생산이 굉장히 큰 폭으로 감소하게 됩니다.

그래서 생산이 감소한다면 인구도 감소하면서 전체가 완전히 몰락할까요? 멸종하나요? 다행히 그런 일은 일어나지 않습니다. 왜냐하면 이번에는 반대로 '생산'이 감소하지만 '생산성'은 늘어나게 되니까요. 그래서 언젠가는 이 생산 감소가 다시 역전돼서 또 생산이 증가하게 됩니다. 말하자면 일종의 사이클이 계속 일어나는 것이죠. 대략 생산이 감소하는 이 시점에 어떤 질병이 닥치면 굉장히 큰 위기가 증폭되어 일어난다고 할 수 있습니다. 이상이 농업생산의 위기입니다.

또 한 가지 전근대사회가 안고 있는 굉장히 큰 취약성은 에너지 문제입니다. 그 시절 가장 중요한 자원은 숲이었어요. 나무죠. 지금의 관점에서 본다면 별거 아니라고 생각할지 모르겠지만 이전 시대의 삼림자원이라고 하는 것은 오늘날의 철강, 석유, 석탄을 합친 정도로 중요한 자원이었죠.

하지만 이 삼림자원은 당연히 한계에 이를 수밖에 없습니다. 그래서 16, 17세기가 도래하면서 결국 이 숲 자원이 고갈되고 굉장히 심각한 에너지 및 재료 위기에 봉착하게 됩니다. 산업혁명이 왜 일어났는가를 이야기할 때 아주 단순하게 말하자면 산림자원의 고갈이라고 할 수 있어요.

이와 같은 전근대의 위기에서 다음 단계로 어떻게 나아가는가를 간략하게 한번 살펴보겠습니다. 18세기가 되면서 다시 이전의 고전적인 사이클상 인구가 굉장히 크게 늘어났습니다. 그런데 생산성 증가도 정체 단계에 이르러서 자칫하면 대규모 인구 감소가 발생할 수 있는 상황이 된 겁니다. 사실 그 인구 감소라고 하는 것은 수많은 사람들이 굶어 죽는 아주 처참한 상황입니다. 그렇다면 이런 인구 감소와 기아, 빈곤, 질병이 어디에서 일어날까요? 사람이 적게 살고 이렇다 할 산업이 없는 빈국이 그 대상이 될까요? 아닙니다. 이 넓은 지구에서 그런 상황에 처한 곳은 역설적이게도 산업이 굉장히 발달한 곳이에요. 100년 정도 지속적으로 성장해서 인구도 많고, 돈벌이도 잘되고 먹을 것도 많은 지역이 자칫하면 끔찍한 위기 상황을 부를 수 있는 장소가 됩니다.

역사학자들은 이런 후보지로 대략 네 군데 정도를 이야기하고 있었어요.

일본

중국 남부 양쯔강 유역

인도 일부 지역

서유럽 지역

짐작하시겠지만 이 네 곳은 굉장히 발전했지만, 그만큼 이 사이클상 자칫하면 굉장히 큰 인구 하락의 위기에 봉착할 수 있는 지역입니다.

그렇다면 이러한 위기 상황을 막을 수 있는 해결책이 무엇일까요? 이 네 곳의 발달된 지역에서는 나름대로 인구 하락과 경제 붕괴를 막을 수 있는 길을 모색하고 있었어요. 이미 그 상황을 거친 지금 시점에서 보면 최종적인 해결책이 산업혁명이라는 사실을 잘 알고 있습니다. 그러나 그 당시 시점에서는 이 네 지역 어느 곳에서 어떤 해결책이 나올지, 어떤 방향으로 나아갈지 아무도 모르는 상황이었어요.

대부분의 문명권에서는 산업혁명과는 다른 방식으로 위기에 대처하고 있었습니다. 산업혁명이 아니라 근면혁명(industrious revolution)을 일으킨 거죠. 자원을 최대한 아끼면서 노동력을 훨씬 더 많이 투입하는 식으로요. 그러다 보니 어린아이까지 밭에 나가서 일하고 여성들도 노동에 참여하면서 더 효율적으로 생산을 늘리려고 한 거지요. 영국의 탄광에서 갱도가 좁다고 어린이들이 갱차를 끌고 밀며 석탄을 채굴하던 모습을 보셨죠? 스코틀랜드 동부 광산의 경우, 성인 남자 7,382명, 13세 이하 남녀 어린이가 3,999명이나 일했다는 자료가 있습니다. 그렇게 생산된, 다시 말해 늘어난 생산품을 시장에 내다 팔고 분업과 시장 확대를 꾀하는 겁니다. 이와 같은 과정을 잘 살펴보면 생산에서 어떤 기술적인 발전 없이 더 많은 노동력을 투입하고 단지 분업만으로 위기를 모면하려고 했다는 걸 알 수 있습니다. 단기적으로 보면 위기가 터지는 걸 막고 지연시킬 수 있지만, 어떻게 보면 오히려 이 자체가 더 큰 위기를 초래할 위험성이 있습니다. 이런 근면혁명 방식은 답이 될 수 없지요. 위기에서 벗어나기 위한 해결책은 서구에서 나온 산업혁명이 최종적인 해결 방법이었습니다.

우리는 산업혁명이라고 하면 공업상의 혁신만 생각하는데 사실은 개념적으로 다음의 두 가지를 포함하고 있어요.

농업혁명
에너지·기계혁명

18세기가 될 때까지 농업 발전이 계속 이루어져서 농업혁명이라고 불렸는데, 이것이 없었다면 다른 혁명은 불가능합니다. 왜냐하면 그 이전 시대에는 9명이 일해서 10명이 먹고사는 상황이었는데 여기에서 어떤 혁신이 없다면 다른 공업상의 혁명 같은 것이 도저히 일어날 수 없겠죠.

18세기에 일어난 서구에서의 이러한 농업발전을 농업혁명이라고 하는데 이것을 설명해주는 굉장히 중요하고 흥미로운 개념이 산출률(ratio of yield)이라고 하는 겁니다. 아주 쉽게 이야기하면 봄에 씨앗을 하나 뿌리고 가을에 몇 알을 수확하느냐? 중세와 근대 초만 하더라도 1대 4, 1대 5 정도밖에 안 되었어요. 흉년이 들 때는 1대 3까지 떨어집니다. 한 알을 뿌려서 봄에 네다섯 알을 얻고, 그중에 하나를 다시 보관한 다음 서너 알을 먹는 정도의 수준이었지요. 이것이 1대 10이 되는 건 요즘 기준으로 보면 별거 아니라고 할지 모르겠지만 인류를 변화시킨 굉장히 큰 혁명입니다. 우리나라도 식량 증진을 위해 1977년에 통일벼로 쌀 자급을 이루게 되었죠. 그해 600만 톤의

쌀을 생산했고 평균 수확량은 일본을 추월해 세계 신기록을 세웠죠. 쌀 자급률도 113%를 기록했어요. 그래서 수입도 중단하고, 주곡의 자립과 녹색혁명의 성취를 선언했더랬지요.

이어서 우리가 잘 알고 있는 에너지혁명, 기계혁명, 다시 말해 증기기관으로 대표되는 새로운 에너지혁명이 동시에 일어났습니다. 그 결과 나무 대신 강철과 같은 새로운 기본 소재를 사용하게 되었습니다. 석탄·전기·석유 같은 에너지가 빠르게 나무를 대체했지요. 증기기관과 같은 새로운 에너지원을 이용해 동력이 대체되었고요. 제니 방적기, 동력 직조기처럼 인력은 적게, 생산은 대폭 증대할 수 있는 새로운 기계가 발명되고, 공장이 생기면서 새로운 작업조직체가 나오지요. 분업과 전문화가 가속화됩니다.

이와 같은 혁명을 거치면서 인류는 또 다른 상황으로 들어갑니다. 부가 급격하게 증대하고 동시에 인구가 늘어났어요. 전근대사회에서 부가 늘어나는데 그것이 지속적으로 증가하지 못하고 인구가 그것을 갉아먹고 나면 인구가 감소하는 사이클을 이루었잖습니까. 하지만 산업혁명 이후의 인구 그래프나 생산 그래프를 보면 소위 말하는 J 곡선 형태로 굉장히 급격하게 늘어나는 것을 알 수 있습니다.

그렇다면 이런 의문도 가져봅니다. 산업혁명 때 인류가 얻은 농업혁명이나 에너지·기계혁명이 정말 인류가 늘상 안고 있던 문제들에 대한 최종적인 해결책이었을까? 200년이 경과한 후 지금 상황을 보면 이것이 최종적인 해결 방법이 아니었다는 것을 알게 됩니다. 부

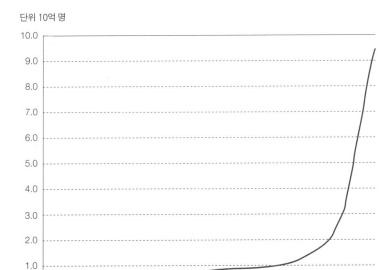

단위 10억 명

세계 인구 증가 예상도

익부 빈익빈 현상이 글로벌 차원에서 발생하는 걸 봐도 그렇습니다.

밑바닥 10억(bottom billion)이라는 말이 있습니다. 1990년도에 나온 말인데 하루에 1달러로 먹고사는 사회계층의 바닥에 있는 사람들을 말하죠. 지금 기준은 대략 2달러 수준입니다. 이 사람들의 숫자가 1990년대에는 10억 명이었어요. 60억, 70억 인구 중에 10억 명은 생존이 굉장히 어려운 최저 수준의 삶을 살고 있다는 겁니다. 지금은 많이 개선되었다고 해도 여전히 이 문제를 안고 있습니다. 그리고 선진국 내에서도 이 정도 수준에 몰려 있는 가난한 사람들이 굉장히 많이 있습니다. 그러니까 부가 굉장히 늘어났다고 하더라도 이 불평등의 문제는 여전히 해결되지 않은 채 현재까지도 계속 남아 있습니다.

인구문제를 해결했다고 생각했는데 글로벌 차원에서 인구가 계속 늘어나다 보니 결국은 똑같은 문제, 아니 글로벌 차원에서 더 큰 수준으로 우리에게 닥쳐오고 있는 셈입니다.

현재 인구학자들은 대략 세계 인구가 100억 명까지 증가할 것으로 예상하고 있습니다. 인구문제를 해결했다고 생각했는데 200년이 지나고 250년이 지나면서 오히려 더 큰 규모로 우리에게 찾아올 가능성이 있죠.

그리고 에너지 문제도 마찬가지입니다. 해결했다고 생각했는데 이제는 단순히 에너지 문제만이 아니라 지구 환경 전체가 악화하는 더 큰 위기가 우리에게 닥쳐오고 있습니다. 그래서 제시되는 해결책이 오히려 더 큰 차원에서 새로운 문제를 초래하지 않았나 하는 생각을 하게 됩니다. 문제의 해결이 새로운 문제의 시작이랄까요.

이렇게 본다면 인류는 여전히 위기를 안은 채 살고 있다고 봐야합니다. 이 위기라고 하는 것이 주기적으로 찾아오고 그것을 해결하면서 또 다음 단계로 넘어가고, 그 솔루션이 또 다른 문제를 불러일으켜서 우리는 또 다른 위기에 처하고……. 마치 뫼비우스의 띠 위를 기어가는 개미의 삶과 같습니다. 근본적인 문제는 여전히 미해결 상태입니다.

부정적인 시각은 뒤집어보면 긍정적인 면이 있지요. 장점이 단

점이고, 단점이 장점이기도 합니다. 그렇다면 이 문제도 바꿔 생각하면 인류는 어떤 의미에서 위기를 통해 다음 단계로 발전하는 것이 아닌가? 이렇게 생각해볼 수 있습니다. 구조에서 위기가 발생하고, 또 위기가 구조화하는 게 인류의 역사가 아닐까요?

여전히 지구에서 살아가는 우리는 취약성을 안고 있습니다. 그 것은 불평등 문제입니다. 글로벌한 차원이든, 작은 지역사회 차원이든 이 불평등의 문제는 여전히 해결되지 않고 있습니다.

위기는 종합적으로 생각할 필요가 있어요. 정말로 문제를 해결할 수가 있을까? 지금 우리에게 닥친 이 팬데믹 문제는 단순히 보면 어떤 질병 하나가 세계를 위협하고 있는 것입니다. 그러나 종합적으로 보면 앞서 논의에서 본 것처럼 사회의 여러 문제들과 함께 뒤섞여 있지 않나 생각합니다. 이 문제들에 대해서 최근에는 새로운 에너지 혁명이라든지 새로운 기계, 인공지능 같은 것들이 해결할 수 있는 어떤 방법이 아닐까 생각하고 있습니다. 하지만 이 역시 마찬가지입니다. 이런 기술이 크게 발전을 하면 역사에 비추어 볼 때 몇 가지 우려를 하지 않을 수 없습니다.

첫째, 새로운 해결책을 향유할 수 있는 사람들과 배제되는 사람들 사이에 어떤 불평등 문제가 또다시 제기되지 않을까?

둘째, 새로운 해결책을 향유하는 사람들은 행복한가?

1차 산업혁명은 인간의 근육을 대신한 기계혁명이었습니다. 지금 논의되는 인공지능이라는 건 다시 말하자면 인간의 뇌를 대신하는 새로운 기계가 나오는 거라고 볼 수 있죠. 이 두 가지가 인간을 대신한다면 앞으로 인류는 어떤 존재로 남을 것인가? 인간의 뇌와 근육을 모두 기계에 내주고 나서 인간 자체가 잉여의 존재가 되지 않을까? 그래서 두 가지 문제를 동시에 생각해봐야 할 것 같아요.

그리고 배제되거나 소외된 사람들도 심각한 문제를 안게 될 겁니다. 그걸 누리는 자들 또한 어떤 새로운 종류의 문제에 봉착하지 않을까 하는 우려가 생깁니다. 이번 기회에 우리가 팬데믹으로 인해 심각한 위기를 겪고 있다는 단순한 차원이 아니라 좀 더 근본적인, 더 심층적인 차원에서 인류가 겪고 있는 위기에 대해 한번 생각해보는 게 어떨까 싶습니다.

이진우 안녕하세요. 오늘 좌담회 사회를 맡은 이진우입니다. 지금 우리는 코로나19 팬데믹 상황을 지나고 있습니다. 코로나19라는 말을 들으면 이런 수식어가 우리 사회에 많이 떠돌고 있지요.

한 번도 경험해보지 못한……

한 번도 경험해보지 못한, 전염병으로 인한 위기인 것 같아요. 왜냐하면 코로나19 사태로 인해서 사회적 거리두기, 지역 봉쇄와 같은 말들이 아주 자연스럽게 들리지만 어떤 의미에서 보면 세계 전체가 자가격리를 하고 있는 이런 경험은 아마 인류 역사상 처음이 아닐까 싶습니다. 우리가 위기를 겪을 때마다 위기를 타개하기 위해서는 항상 역사 속으로 들어가죠. 그래서 주경철 교수님이 역사 속의 위기라는 발제를 통해서 우리가 겪고 있는 위기가 사실은 처음이 아니고 인류 역사상 항상 위기는 거듭되어 왔다는 말씀을 해주셨는데요.

그럼에도 불구하고 우리에게는 아직 많은 궁금증이 남아 있습니다. 이런 위기가 처음이 아니라면 이번 위기와 과거 위기의 차이는 무엇일까 하는 의문이 생깁니다. 이런 부분을 통해 우리가 코로나19 위기를 다시 한 번 조명해보면서 그것을 타개할 수 있는 출구를 찾아보도록 하겠습니다.

장대익 지금 말씀하신 것을 참고해 역사를 살펴보면 코로나19로 인한 팬데믹은 처음이지만 다른 팬데믹은 많이 있었습니다. 주 교수님이 발표하신 대로 먼저 이렇게 질문해볼 수 있을 것 같아요. 그러니까 어떤 부분이 비슷했는가? 그동안 어떤 부분이 새로운 측면인가? 이 코로나19가 예전의 팬데믹과 비교했을 때 어떤 부분이 비슷하고 어떤 부분이 새로운 부분인가? 이 점을 정리해주시면 우리가 토론하는 데 도움이 되지 않을까 싶습니다.

주경철 비교적 최근에 우리 사회가 발달하면서 소위 잘사는 시대가 되었기 때문에 이런 불행한 경험이 드문 편이 아니었나 싶어요. 질병이라는 것도 제가 어렸을 때 기억으로 홍콩 독감으로 100만 명 정도 죽었거든요. 그러니까 비슷한 사건들이 근래에 없었던 건 아니었어요. 그리고 현재의 상황을 코로나19라고 부르는데 제가 최근에 확인한 바로는 19세기 말부터 이 바이러스가 계속 변이를 일으키면서 우리 곁에 있어왔거든요. 그래서 상당히 자주 나타나는 현상이라고 할 수 있습니다. 우리가 역사 속에서 흔히 이야기하는 것이 14세기의 페스트입니다. 이 페스트도 여러 번 발병했죠. 그리고 천연두는 경우에 따라서 1억 명이 죽었다고 하는데요. 물론 병세는 다 다릅니다.

가장 큰 차이는 19세기 말에서 20세기인 것 같아요. 그러니까 질병이 바이러스나 세균에 의해 발생한다는 병의 원인 자체를 우선 과학적으로 규명했고요. 그 과학의 힘을 국가가 이용해서 위생이라든지 의학의 발전을 통해 어느 정도 통제할 수 있게 되었죠. 그러한 위기가 닥쳐오더라도 인간 사회가 비교적 잘 대처해서 결과적으로는 큰 차이를 만들어낸 게 아닌가 싶어요. 현대에도 계속 그런 유사한 것들이 닥쳐오기는 하지만 넋 놓고 당하지는 않는 게 역시 가장 큰 차이가 아닌가 싶습니다. 만약 이 코로나19를 14, 15세기에 겪었으면 페스트 정도가 되었을 것 같아요.

장대익 최근에 역사학자 프랭크 스노든(Frank Snowden)의 《전염병과 사회(Epidemics and Society)》라는 책을 읽었는데 팬데믹을 역사적으로 분석해보면 두 가지 큰 흐름이 있다고 하더라고요. 하나는 인지적으로 엄청난 혼란이 오고, 그다음에 정서적으로 혐오가 반드시 뒤따른답니다. 그리고 또 새로운 사상이 싹튼다는 거예요. 페스트 다음에 르네상스 운동이 일어나잖아요? 이전까지 확고하다고 생각했던 신과 인간의 관계가 흔들리기 시작하죠. 그도 그럴 것이 사랑하는 사람들이 마구 죽어나가고, 그동안 믿었던 것들이 다 스러지니까 뭔가 새로운 관계를 생각하게 되고, 그로 인해 르네상스 운동이 전개되는 데 굉장한 촉발제 역할을 했다는 거죠. 이런 연구를 보건대 이번 팬데믹이 지난 후에 인류에 어떤 새로운 사상들이 떠오를지에 대한 역사학자의 통찰을 좀 듣고 싶은데요.(웃음)

주경철 갑자기 어느 교수님이 강의 시간에 말씀하신다는 내용이 생각나네요. 그분은 수업 시간에 그런 질문을 받으면 "너는 내가 진짜 안다고 믿고 질문하나?"(웃음)라고 한다는데 맞습니다.(웃음) 14세기에 위기를 겪으면서 봉건제가 무너지고 그 이후에 르네상스가 오지요. 그리고 또 한 번 인류 역사에 가장 큰 위기 시대가 17세기인데, 그때는 인류 역사상 가장 참혹한 전쟁 중 하나인 30년전쟁(1618~1648)이 있었어요. 전염병도 발생하고 사람들이 엄청나게 죽었죠. 그런 뒤에 근대국가가 크게 발전했습니다.

이번 팬데믹이 지나고 나서 어떤 사상이나 어떤 체제가 새롭게 나타날지를 예측할 수는 없습니다. 그 대신 이런 얘기를 해보고 싶어요. 봉건제의 붕괴와 근대국가로의 발전을 가져온 원인을 질병이라고 할 수 있는가? 사실 그게 아니라 그 이전에 사회적 모순이나 갈등이 상당히 진척돼 있었는데 주저하고 있던 것들이 그런 질병과 연관된 현상을 거치면서 거침없이 터져 나온 거죠. 사실은 가속화했을 따름이지 완전히 새로운 것이 나온 건 아니에요. 어떻게 보면 2020년 이전의 것들과 완전히 다른 사상, 완전히 다른 체제가 나온다는 게 아닙니다. 아마 21세기에 들어와서는 20년 동안 많이 진행됐던 IT, 생명공학과 같은 분야가 인간에게 가져오는 변화들이 급격하게 융복합되어 일어나겠죠. 그러면서 인간관이나 사회 성격이 바뀐다든지 하는 식으로 급격하게 진행되지 않을까. 이런 정도 생각밖에 못 하겠습니다.

이진우 흔히 이런 얘기를 하잖아요. 코로나19 바이러스가 종식되더라도 이전 사회로 돌아가지 못할 것이다. 완전히 새로운 사회가 등장할 것이다.

저는 여기에 반대되는 주장을 합니다. 제가 보기에는 주 교수님 말씀처럼 이미 사회의 저변에서 변화하고 있던 것들이 코로나19로 인해서 강화하거나 가속화할 뿐이지, 전혀 다른 사회가 도래하지는 않을 것입니다. 확실하게 그런 거 같아요. 예를 들면 전염병이 돌고 나서 로마제국이 멸망했던 부분입니다. 로마제국의 멸망 원인은 너무나 많아서 단정적으로 말할 수는 없지만 일정 부분 전염병이 기여한 건 사실이에요. 14세기에 페스트가 돌고 난 다음에 르네상스가 시작됐고, 지금 말씀하신 17세기에 수많은 전염병이 돌고 나서 철학사적 관점에서 보면 계몽주의가 생겨났거든요. 뭐가 달라졌을까 하는 관점으로 보면 과거의 로마제국이 위태로울 때 전염병이 돌고 나서 스토아철학이 상당히 광범위하게 퍼졌어요. 스토아철학이라는 것은 쉽게 얘기하면 메멘토 모리 사상인 거죠.

죽음을 생각하라

인간의 삶은 유한하기 때문에 삶을 어떻게 하면 의미 있게 살 수 있을까? 이렇게 초점을 맞췄는데 왜 그랬을까요? 그 당시만 하더라도 이것이 기독교적인 맥락에서 발전하기는 했어요. 당시는 공동체 규모가 그렇게 크지 않아서 한편으로는 서로 결속하면 이 문제를 해결할 수 있다는 믿음도 있었어요. 그런데 14세기를 거쳐 17세기를 지나면서 인구가 엄청나게 증가했거든요. 리스본 대지진을 통해 신이 존재한다면 왜 우리에게 이렇게 엄청난 재앙과 불행이 닥치는 거지? 하는 의심이 들기 시작하는 거예요. 그러다 보니 철학적으로는 변신론이라는 참 희한한 사상이 등장하게 됩니다. 신의 존재를 증명해야 되는 거예요. 신을 증명하는 단계까지 오면 신을 안 믿는다는 얘기죠. 이때부터는 회의가 생기면서 동시에 인간 중심적인 사고로 전환해 소위 말하는 휴머니즘이 본격적으로 대두된 거죠. 그런 의미에서 본다면 우리도 팬데믹을 겪고 있지만 그게 아니어도 지금 변하고 있는 것들이 너무 많잖아요.

AI가 널리 쓰이면 인간과 기계의 차이는 도대체 뭐야?

이런 질문은 이미 10~20여 년 전부터 제기되었던 것들이죠. 결과적으로는 코로나19 사태로 인해 앞으로 더 가속화하지 않겠는가.

그러니까 인간성에 관련된 성찰도 다시 이루어지지 않을까, 이런 생각도 해봅니다. 그런 관점에서 보면 주 교수님이 말씀하신 것처럼 위기는 계속 반복되고 과거의 위기와 크게 다른 것은 없지 않을까요?

주경철 양태는 다르지만 비슷한 점이 계속되는 느낌을 받습니다.

한준 요즘 젊은 사람들 사이에서 많이 쓰이는 표현 중에 '무해하다'라는 말이 있습니다. 이번 팬데믹을 거치면서 사실은 새롭게 생각해보게 되는 점들이 있습니다. 젊은 사람들이 쓰는 글이나 책 제목에도 나오는데 나도 남에게 무해하고 싶다, 남들도 나에게 무해했으면 좋겠다, 이런 뜻이에요. 한편으로 굉장히 소극적이라는 생각도 들지만 다른 한편에서는 SNS나 정보 등이 기술적으로도 아주 복잡하게 얽혀 있는 세상에서 내가 다른 사람에게 얼마나 큰 피해를 끼칠 수 있는가에 대해 자각하는 게 아닌가 싶어요.

　조금 더 나가면 굉장히 재밌는 해석이 나와요. 무해하게 살고 싶다는 염원 속에 비건을 선택한다든지, 내가 자연에 대해서 무해하게 살겠다 하는 식으로 나타나죠. 그것도 하나의 새로운 변화일 수 있겠다는 생각이 들었습니다. 내가 다른 사람의 삶에 끼어들어서 뭔가를 해결해주려다가 오히려 더 큰 문제를 일으키는 경험을 하면서 남들로부터 좀 벗어나 있지만 사실 남을 돌보고 배려하고 존중하면서 때로는 도움이 될 수 있는 가치들도 등장할 수 있지 않을까요?

이것이 팬데믹 이후가 될지 모르지만 새로운 변화의 조짐처럼 보이는 것 같아서 한번 말씀드렸습니다.

김병연 한 교수님 말씀에 주 교수님이 추가하신 것처럼 이미 계속되고 있는 변화를 가속화했다면 어떤 것이 있을까요? 첫 번째는 좀 전에 말씀하신 것처럼 어떤 특정 기술에 대한 수용성이 크게 증가할 것 같습니다. 그리고 두 번째는 이 교수님의 첫 발표에서 토론한 것처럼 국가의 재발견이죠. 팬데믹으로 이런 의식이 강화되잖아요.

국가가 우리를 보호해주는구나.

이런 생각이 가져오는 함의가 있을 것 같고요. 세 번째는 말씀하신 것처럼 나와 다른 사람의 관계이고요. 네 번째는 우리가 많이 이야기하지 않았지만 어떤 면에서는 지금 이 팬데믹 사태라는 것이 그동안 학대받은 자연의 인간에 대한 외침이라고 할까요? 그래서 자연과 인간 관계의 리셋이 필요한 시점이 아닌가? 우리가 생산활동을 약간 줄이고 멈추었더니 공기가 맑아지잖아요. 이렇게 리셋의 중요성을 제시한 게 아닐까 싶습니다. 새로운 전환을 요청하는 게 아닌가 싶어서 여러 가지 논의가 가능할 것 같아요.

장대익 그 관계는 저도 비슷한 맥락에서 생각을 해봤는데요. 페스트가 창궐하고 나서 봉건제도가 무너지고 르네상스가 생겨나는 게 사실은 관계에 대한 리셋이잖아요. 신과 인간의 관계, 인간과 인간의 관계에 대한 리셋인데 이번에 우리가 팬데믹을 겪으면서 생태에 대해서, 또 인간과 인간의 관계, 자연과 인간의 관계에 대해 굉장히 많이 학습하고 있다고 생각합니다.

인간의 사회성에 대해 심리학적 연구를 하고 있는데 지금 우리 일상을 살펴보면 관계가 없어진 건 아닙니다. 우리는 사회적 동물이니까 관계를 없앨 수는 없지요. 그런데 관계가 많이 달라졌어요. 하루 종일 자기 방에 앉아서도 모든 일을 할 수 있는 가능성이 생겼습니다. 물론 특권적인 위치에 있는 사람들에 한정된 것이긴 합니다. 앞으로 계속 그럴 가능성이 생겼단 말이죠. 기술로도 충분히 가능한 부분이기도 하고요. 그러다 보니까 굉장히 초개인적인 삶을 살고 있어요. 그냥 하루 종일 집에 앉아서 모든 것들을 다 할 수 있으면서 동시에 또 한편으로 관계는 훼손하지 않는……, 그런 이상한 종류의 테크놀로지를 갖고 있는 거죠.

이렇다 보니 알고리즘이 중요해지는 것 같아요. 인터넷이나 SNS를 통해서 계속 뭔가 일을 하고 관계를 맺고 즐거움을 찾으며 지내는데 거기서 추천해주는 것이 생겨요. 또 어떤 프로그램들을 사용하면서 경험하는 것들이 그 사람의 인격 성장과 변화에 큰 영향을 줍니다. 한마디로 사람이 직접 만나서 다른 사람에게 영향을 주는 것이 아니고, 비인간이 인간에게 영향을 주는 그런 새로운 관계가 생긴 거죠.

비슷한 건 예전에도 물론 있었어요. 그런데 지금 이 팬데믹이 무엇을 가속화하느냐? 질문해보면 그 관계라고 말하고 싶어요. 인간과 인공물의 관계, 여기에 아주 깊고 큰 변화를 주고 있는 게 아닌가 생각합니다.

주경철 일리가 있네요. 예컨대 옛날에는 우리가 등산을 즐겼잖아요. 그런데 요즘은 산을 올라가는 게 아니라 산을 올라가는 어떤 느낌을 기계적으로 받는다든지, 가만히 집에서 넷플릭스를 시청하고 있어요. 그래서 이런 가상현실, 가상체험 같은 것이 앞으로 갈수록 더 강화하지 않을까 하는 생각을 합니다. 물론 이 방향이 맞는 건지 잘 모르겠지만요. 진짜 등산을 하고, 직접 여행을 가고, 실제로 무엇인가를 하는 어떤 진실한 경험이 오히려 이전보다도 훨씬 더 고귀한 가치를 띠게 될 것 같아요. 잘못하면 이런 것은 아주 소수의 사람들만 누리는 진짜 경험이 될지도 몰라요. 나머지 사람들은 그럼 어떻게 하느냐? 표현이 좀 애매합니다만 약간 싸구려 AI 경험 같은 것으로 만족하는 방식으로 가지 않을까. 그런 걱정도 하게 됩니다.

이진우 주 교수님 말씀처럼 앞으로는 로봇 사회가 되잖아요? 우리나라는 서비스 로봇이 아직 덜 보급되어 있는데 일본만 하더라도 상당히 일상화되어 있어요. 서구에서도 연구가 많이 되고 있고요. 예컨대 노인들을 돌보는 것을 사람들이 할 수 없으니까 로봇이 대체하는 거죠. 이런 현상을 보고 가끔 이런 질문을 던져요.

**당신은 나중에 곤경에 처하게 되면 로봇의 도움을 받고 싶습니까?
사람의 도움을 받고 싶습니까?**

지금도 이미 그렇거든요. 카페에 가면 기계가 자동으로 커피를
뽑아주죠. 저도 한 번 마셔봤어요. 너무 신기해서요.
반면에 바리스타는 이렇게 물어볼 수 있죠.

**선생님은 약간 신맛을 좋아하십니까? 아니면 약간 떫은맛이 나도
괜찮습니까?**

이렇게 취향을 물어보고 그에 맞춰 커피를 내려주는 걸 좋아하
느냐? 당연히 인간은 인간과 관계를 맺고 싶으니 실제 바리스타의
서비스를 받고 싶겠죠.
김 교수님이 말씀하신 것처럼 사회적 관계에서의 불평등도 생
겨날 수밖에 없다는 거죠. 등산을 직접 가지 못하는 사람들은 이미지
로만 등산을 체험하고, 부유하고 시간적으로 마음의 여유가 있는 사
람들은 직접 체험할 수 있는 사회가 곧 오는 게 아닌가 하는 두려움
도 느끼기는 해요.

주경철 한마디로 지금은 여행 종말의 시대가 왔죠. 지금 당장은 아무도 여행을 못 가잖아요. 진짜 여행에 대한 감흥이나 느낌과 체험을 화면으로만 본다면 정말 안타깝죠.

장대익 그런데 약간 상반되는 연구가 있어요. 파리의 오르세 미술관을 VR로 관람하도록 만들 때 사람들이 반대를 많이 했어요. 관계자들이 이렇게 되면 아무도 미술관에 안 올 거 아니냐? 그런데 만들고 보니 그걸 보고 사람들이 더 가보고 싶어 하는 거예요.

지금 우리나라에 골프장이 엄청 많잖아요. 군 골프장을 포함해서 약 500여 개가 되는데요. 스크린 골프를 만드니까 다들 골프장 안 가고 여기 가는 거 아니야? 이랬죠. 그런데 스크린 골프를 쳐본 사람들은 실제 골프장에 더 가고 싶어지는 거죠. 생생한 필드의 느낌, 상쾌한 대자연 같은 질적 느낌이 그리워지도록 만드는 거죠. 기술이나 컴퓨터는 그런 걸 확장하는 것이지, 줄이는 것은 아니죠.

김병연 그러니까 연구가 필요할 거 같아요. 어떤 것들은 지금 내가 있는 이곳에서 할 수 없는 것들이기 때문에 그것에 대한 일종의 동경심이 자라죠. 또 회복심이 더 커져서 일종의 보복 소비처럼 나중에 팬데믹이 끝나면 여행이 폭증할 수 있잖아요.

장대익 그렇죠. 그럴 거 같아요.

김병연 V자형으로 반등하겠지만 어떤 것들은 예측이 어려울 수도 있어요. 그렇더라도 무엇이 어디로 갈 것인지 예측해서 그에 대한 대책을 세울 필요는 있는 것 같아요. 특히 사회과학을 연구하는 사람들은요.

하던대로 계속하는 관성이 사회적으로 바람직하지 못할 수 있죠. 그러면 균형을 잡아주는 것도 필요하죠. 정책적으로요. 지금 못하고 있으니 그 때문에 계속 안 할 것이라고 판단하기는 어려울 것 같아요.

장대익 비대면 수업은 어떻게 될 것 같으세요? 팬데믹이 끝나면 우리는 줌 같은 화상 수업 방식을 사용하지 않고 다시 과거로 돌아갈까요? 어떻게 생각하세요?

한준 사실 저는 혼합된 형태로 가지 않을까 생각해요. 강의실에서 수업을 안 듣는 학생이면 수업을 태만하게 하기 좋은 줌을 더 선호할 수 있죠.(웃음) 대학들보다 초중고등학교에서 계속 지금처럼 간다면 결국 기술이 변화해서 모르는 것을 AI가 가르쳐줄 수 있는 시대까지 가야죠. 그렇지 않다면 초중등교육에서는 위험하지 않나 생각합니다. 그런 면에서도 대면 교육이 회복될 필요가 있죠.

그럼에도 기술이 그것을 대체할 수 있다면 변화하지 않겠나 하는 생각이 듭니다. 왜냐하면 학교라고 하는 것 자체가 근대적 제도이니까요. 그리고 교육이라고 하는 것을 학습으로 바꾸면 그다음부터 학습은 내가 하는 것이라는 생각이 들지 않을까 합니다.

이진우 줌으로 하는 강의 시간에 학생들과 토론을 하는데요. 학생들에게 줌으로 하는 강의의 만족도가 어떠냐고 물어봐요. 그런데 우리 포스텍은 만족도가 상당히 높아요. 여기에서도 학교별로 차이가 큰 것 같아요.

준비가 된 학교는 첨단과학과 기술을 잘 활용해서 수업의 질이 별로 떨어지지 않아요. 하지만 그렇지 않은 경우에는 온라인 교육이 아주 부실하게 진행될 수도 있어요. 학생들이 그걸 걱정하더라고요. 따라서 교육의 양극화 현상이 일어나지 않을까 하는 우려는 합니다. 그렇지만 어쩔 수 없이 혼재하면서 갈 것 같아요.

학습 중심으로 간다면 꼭 대면 교육이 필요 없겠죠. 문제는 사람들을 직접 만나서 얻는 것이 도대체 무엇인가? 말하자면 사회성을 배운다든가, 아니면 다른 정서적 관계를 이룬다든가 하는 것들은 사실상 온라인으로는 불가능하잖아요? 그렇다면 지금 우리가 겪는 팬데믹은, 21세기 후반부에 과학기술이 사회와 더욱 발전해서 결과적으로는 만나지 않고도 만난 것처럼 생각할 수 있는 사회가 도래한다면 그런 사회에서 바람직한 삶의 모습은 도대체 어떤 것인가를 미리 생각해보라고 던져준 숙제 같은 것이 아닐까? 이런 생각도 해봅니다. 오늘 여러분들이 아주 적극적으로 의견 개진을 해주셔서 인간성 자체가 변화할지는 의문이기는 하지만 분명하게 뭔가 변하고 있다는 것은 확인할 수 있었던 시간인 것 같습니다.

끝으로 주 교수님께서 역사학자이시니까 과거는 잘 보시기는 하지만 미래학자는 아니시니까,(웃음) 코로나19가 끝난 다음에도 커다란 변화가 있으리라 생각하시는 부분이 있다면 정리하면서 이 시간을 마치도록 하겠습니다.

주경철 그런 멋있는 대안이 있으면 참 좋을 텐데 결론은 없습니다. 아까부터 제 머릿속에 떠오르는 단어가 래디컬(radical)이에요. 래디컬의 어원이 뿌리잖아요? 그래서 근원적이라고 말하는데, 뿌리부터 뭔가 다시 생각하게 만들어요. 정치적으로 래디컬하다는 의미가 아니라, 저 밑으로 내려가서 출발에서부터 의문을 품어보는 거죠.

인간에게 도대체 산다는 게 뭘까?
우정이란 무엇일까?
만나서 즐겁게 논다는 건 뭘까?

이런 것들에 대해 사람들이 의식적이든 무의식적이든 다시 생각하도록 하는 게 아닐까요? 그래서 팬데믹이 지나가도 이전으로 완전히 돌아가지 않을 것 같다는 점에 저도 동의합니다. 그렇다고 완전히 새로운 세계가 나타나지는 않겠지만 굉장히 많은 변화가 일어날

것 같은데 그게 무엇인지는 한번 생각해보기로 해요.(웃음)

이진우　아주 좋은 말씀을 해주셨는데 근본으로 돌아가야 한다는 시대적 요청이 코로나19로 인한 팬데믹 사태로 나타난 게 아닌가 생각해봅니다. 오늘 토론은 이 정도에서 마무리 짓도록 하겠습니다.

4장

팬데믹으로 가속화된 양극화

한준
연세대 사회학과 교수

한준
연세대 사회학과 교수

안녕하십니까? 연세대학교 사회학과 한준입니다. 우리가 지금 겪고 있는 코로나19 팬데믹이 사회의 불평등과 양극화를 어떻게 바꿀 것인지에 대해서 말씀드리고자 합니다. 이 팬데믹을 통해 '위험사회'라는 말이 굉장히 익숙해진 것 같습니다. 위험사회의 개념이 궁금하실 텐데요. 전문가 중에 한 사람인 울리히 벡(Ulrich Beck) 교수는 이렇게 말했습니다.

"빈곤은 위계적이지만 스모그는 민주적이다."

울리히 벡은 독일의 사회학자로서 작센주의 미래위원회 위원 활동으로 시민노동 모델을 발전시키기 시작해서 큰 인기를 얻기도 했는데요. 《위험사회(Risikogesellschaft)》란 책을 통해 충격적인 주장을 했습니다. 서구를 중심으로 추구해온 산업화와 근대화 과정이 실제로는 가공스러운 위험사회를 낳는다는 겁니다. 앞서 인용한 스모그라고 하는 위험은 모든 사람들이 노출되어 있다는 의미지요.

하지만 지금 우리가 겪고 있는 팬데믹은 핵 위협이나 기후 변화 혹은 스모그처럼 모든 사람들이 피하기 어려운 위험과는 좀 성격이 다른 것 같습니다. 왜냐하면 코로나19에 감염되는 사람들과 그렇지 않은 사람들 사이에 계층적 차이가 나타날 수 있기 때문입니다. 팬데믹은 사람과 사람의 접촉에 의해 감염이 이루어지고 있는 것이지요. 그렇기 때문에 감염되는 사람과 그렇지 않은 사람 간의 차이가 발생할 수밖에 없습니다. 팬데믹 자체가 불평등하듯 팬데믹은 사회적, 경제적 불평등과 양극화를 더 심화할 가능성이 높습니다. 왜 그런지 지금부터 말씀드리도록 하겠습니다.

먼저 팬데믹은 왜 불평등을 가속화하고 심화하는가 하는 문제입니다. 우선 세 가지 이유를 생각해볼 수 있을 것 같습니다.

첫째, 팬데믹 상황이 되면서 많은 사람들이 상호 접촉을 하지 않게 되었습니다. 결국 사람들 간의 상호작용은 이른바, 언택트라고 하는 말처럼 비대면으로 이루어지게 되었습니다. 그래서 디지털 기술이 경제와 사회를 비대면으로 바꾸게 되는데 그에 따라 일자리와 교육에서 심각한 불평등이 일어날 가능성이 높습니다.

둘째는 팬데믹 상황에서 사람들이 불안해지면서 약자나 소수자를 차별하고 혐오할 가능성이 더 높아집니다. 최근 미국에서 아시아인들을 대상으로 발생한 사건을 보면, 너희들 때문에 우리가 이런 고통을 겪는다며 폭력을 가하는 일이 빈발하고 있습니다. 역사적으로도 재난으로 인한 불확실성과 공포의 증가로 초래된 사회적인 분노가 사회적 약자나 소수자를 향해 표출된 바 있습니다. 코로나19 발생 초기 바이러스가 중국 우한에서 처음 발견되었다고 아시아인들을 차별하고 폭력을 행했습니다. 이러한 혐오 범죄는 최근까지 이어지고 있습니다. 특히 최대 피해국인 미국에서 사례가 많이 나오고 있지요.

아시아인에 대한 인종차별 문제를 다루는 인권단체 'STOP AAPI HATE(아시아·태평양계에 대한 증오를 멈춰라)'에 의하면 2020년 3월 19일부터 올해 2월 28일까지 접수된 증오범죄가 3,795건에 달합니다. 지난해 3,292건보다 503건이나 증가된 수치입니다. 여기에서 한인을 포함한 아시아인에 대한 혐오 사례가 전체 혐오 사례 중 11.1%를 차지한다고 합니다. 이렇게 되면 결국은 약자들과 소수자들의 처지가 점점 더 열악해질 것이라는 얘기죠.

셋째는 이 불평등과 양극화에 대응할 수 있는 집단적인 힘을 가진 것은 누구일까? 그것은 정부나 시민사회가 될 것입니다. 그런데도 이 팬데믹 상황에서는 정부나 시민사회가 적절히 대응할 수 있는 역량이 부족할 거라고 예측할 수 있습니다.

그러면 팬데믹은 불평등을 어떻게 심화하는가? 이런 의문이 듭니다. 대략 세 가지 정도로 말씀드려 보겠습니다.

첫째, 일자리에 의해서 판가름되는 계급 간의 지위 격차가 더욱 심해질 것이다.

둘째, 교육의 기회와 성과의 차이가 팬데믹 이후로 더욱 커질 가능성이 높다.

셋째, 계급 간 지위와 교육 격차가 맞물려서 계급 간 이동이 막히게 될 것이다.

먼저 계급 간 지위 격차는 어떻게 바뀔까요? 미국 빌 클린턴 행정부 시절 노동부 장관을 역임했던 경제학자이자 저술가 로버트 라이시(Robert Reich) 교수는 이렇게 말했습니다.

"팬데믹 상황에서 미국의 계급은 4부류로 나뉘게 되었다."

첫 번째는 원격(the remote) 계급입니다. 재택근무를 할 수 있고 앞으로 코로나19를 피해 멀리 안전한 곳으로 갈 수 있는 사람들, 대체로 전문직과 화이트칼라 관리직에 속하는 사람들입니다. 미국 사회에서는 대략 30%가 된다고 합니다.

두 번째는 핵심(the essential) 계급입니다. 생산과 서비스의 핵심을 담당하고 있는 일종의 정규직에 가까운 사람들이죠. 역시 30%가 좀 넘습니다.

세 번째는 실업(the unpaid) 계급입니다. 이들은 대체 가능한 계층이라서 일자리가 들쭉날쭉하는 사람들이고 20%가 조금 넘습니다.

마지막은 망각(the forgotten) 계급입니다. 교도소나 병원, 혹은 요양원 등에 갇혀 있는 분들입니다. 우리 사회에서도 이러한 분들이 가장 취약한 것으로 알려져 있습니다. 실제로 팬데믹 상황에서 '원격' 이외의 모든 사람들은 위험에 상당히 많이 노출되어 있다고 볼 수 있습니다. 두 번째, 세 번째와 첫 번째 집단을 나누는 가장 큰 요소는 결국 그 사람이 '교육을 얼마나 받았느냐'가 될 것 같습니다.

그러면 교육이 불평등에서 왜 중요할까요? 다음 그림으로 잠시 설명해보겠습니다.

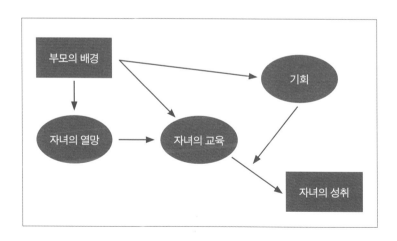

과거 근대사회 이전에는 부모의 배경이 곧 자녀의 성취로 연결되었습니다. 대부분 지위가 세습되었죠. 재산이 아무 문제 없이 상속되었습니다.

하지만 현대사회에서는 부모가 자녀의 성취에 영향을 줄 수 있는 가장 큰 길은 자녀의 교육입니다. 그리고 이 교육에 대한 동기부여가 얼마나 되고, 교육의 성취를 얼마나 직업으로 활용할 수 있는지는 그들에게 주어지는 기회에 의해 결정될 것입니다. 그렇기 때문에 교육이 굉장히 중요한 것이죠.

그런데 팬데믹 상황이 되면 교육은 어떻게 바뀔까요? 저는 기회와 과정과 성과라고 하는 세 가지 측면에서 살펴보고자 합니다.

먼저 기회의 격차입니다. 팬데믹이 심해지면 우선 학교가 폐쇄됩니다. 그러면서 교육은 부분적으로 혹은 전면적으로 비대면 원격으로 이루어지게 되지요. 그러려면 노트북 컴퓨터나 데스크톱 컴퓨터, 스마트폰이나 패드와 같은 디지털 기기를 가지고 있어야 합니다. 그러한 가능성이 큰 계급은 언제 어디에서나 최상층이거나 중산층 이상입니다. 이곳에 속하지 못하면 대체로 학습에 어려움을 겪게 됩니다. 우리 사회도 마찬가지입니다. 각자의 공부방이 있거나 굉장히 빠른 초고속 인터넷망이 깔려 있지 않으면 제대로 된 교육을 받기 어렵다는 것이죠.

교육과정에서도 마찬가지입니다. 선생님이 학습 진도가 떨어지거나 문제 풀이 방법을 잘 모르는 학생들을 제대로 가르쳐줄 수 있는 기회가 비대면 상황에서는 대단히 제한적입니다. 그리고 아이들이 얼마나 열심히 공부하는지 부모가 곁에서 보살펴주지 않으면 그만큼 학습 효과가 낮아질 것입니다.

결국은 이런 작은 문제들이 모여 성과의 격차를 가져오게 됩니다. 개인의 노력이나 능력보다는 부모의 능력이 성과에 영향을 줄 가능성이 높다는 면에서 불평등은 더 심해질 것입니다.

다음 도표는 미국의 컨설팅 회사 맥킨지가 시뮬레이션한 결과입니다.

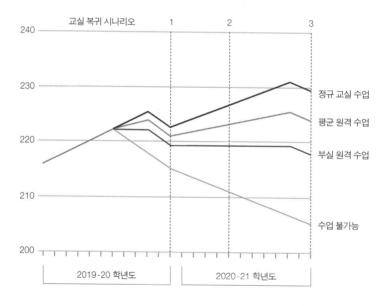

교실 복귀 시나리오 1, 2, 3은 학교가 얼마나 오랫동안 폐쇄되는가를 보여줍니다. 그에 따라서 학업 성취가 y축에서 보는 것처럼 정

	학업 손실 (개월)	학업 포기 증가 (천 명)	GDP 손실 (2040년까지)10억$	연간 교육 손실 10억$
시나리오 1	3.1	232	80-125	44-57
시나리오 2	6.8	648	173-271	96-124
시나리오 3	12.4	1,100	306-483	169-221

규 교실 수업이 가능한 때와 수업이 불가능한 때에 따라서 엄청난 차이를 나타냅니다. 그에 따라 국가적으로 GDP 손실이 있을 뿐만 아니라 학업을 포기하는 학생도 늘어나게 됩니다. 이렇게 학업을 포기하는 학생들이 과연 어느 계층에서 나오게 될까요? 앞에서 말씀드린 내용들을 생각해보면 당연히 가장 어려운 사회·경제적 지위에 있는 아이들부터 학업을 포기하게 됩니다.

결국 교육을 받는 수준에서 성과 격차가 우리 아이들의 직업에 대한 접근을 결정한다면 사회 이동 가능성, 즉 원격이 가능한 지위에 올라갈 수 있는 아이들의 수는 점점 제한될 수밖에 없을 것입니다. 어려운 처지에서 좀 더 나은 처지로 올라가는 이런 사회적 계층 이동 가능성은 그 사회의 불평등 수준에 따라서 바뀝니다. 이것을 미국의 경제학자 앨런 크루거(Alan Krueger)는 문학 작품 《위대한 개츠비》에서 이름을 빌려 '개츠비 곡선'이라고 얘기합니다. 결국 불평등 수준이 높으면 계층 이동 가능성도 낮다고 하는 것이죠.

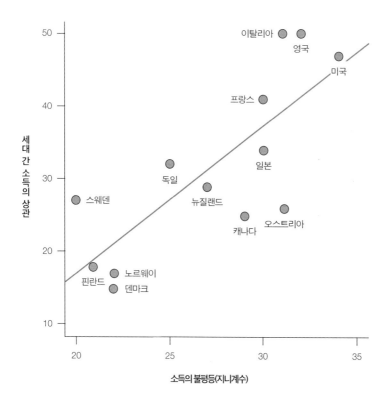

위의 그래프에는 한국이 표시되어 있지 않지만 대체로 일본보다 조금 더 위쪽에 있을 것 같습니다. 실제로 한국은 OECD 평균에 비해 저소득층에서 중산층으로 올라가는 데 1세대가 더 걸리는 것으로 알려져 있습니다. OECD 평균은 4세대인데 우리는 5세대인 것이죠. 한 세대를 30년으로 잡으면 150년이 걸린다는 뜻입니다. 결국 직업에서 그만큼 격차가 벌어지고, 교육 격차가 늘어나서 사회적 이동이 약해진다면 우리 사이는 달라질 수밖에 없을 것입니다. 과연 우리는 이 상황에서 무엇을 해야 할 것인지 토론을 통해 함께 이야기를 나누도록 하겠습니다. 감사합니다.

이진우 안녕하세요. 오늘 사회를 맡은 포스텍 이진우입니다. 조금 전 연세대학교 한준 교수님의 팬데믹으로 가속화된 양극화라는 발표를 들었습니다. 정말 코로나19로 우리 사회가 좀 더 양극화하고 사회적 불평등이 심해지는 것 같다는 인상을 받기는 합니다. 한 교수님이 '팬데믹으로 가속화된'이라고 표현하셨는데, 그렇다면 코로나19가 터지기 전에도 사실은 양극화와 사회적 불평등 문제가 심했다고 볼 수 있는 거 아닙니까?

한준 교육의 문제로 보자면 우리나라는 평균적으로 국제학업성취도평가(PISA)의 성적이 높다고 해요. 3년마다 전 세계 국가별로 만 15세 이상 학생들을 대상으로 읽기, 수학, 과학 분야의 성취와 추이를 측정해 비교하는 국제적인 연구인데요. 우리나라 학생들은 평균보다 높은 점수를 기록하고 있습니다. 그런데 PISA 성적 우수 학생과 학력

미달 학생의 격차가 점점 늘어나고 있습니다. 이것은 결국 공교육의 성취도 문제가 심화된다는 뜻이기도 합니다.

물론 우리 사회에서 공교육이 무너졌다고 하지만 그래도 아직까지 교육의 공정성에 대한 사람들의 신뢰가 꽤 있는 편이거든요. 그런데 교육을 정상적으로 받는 학생과 그것에 못 미치는 학생들의 격차가 점점 더 벌어지고 있다는 겁니다.

일자리 면에서도 비정규직이 증가하면서 결국은 저임금, 그다음에는 불안정한 일자리들이 많이 늘어나고 있었어요. 그러한 상황을 팬데믹이 더욱 가속화했다고 생각합니다.

이진우 이 문제에 대해 더 하실 말씀 있으신가요?

주경철 직접 연관된 질문은 아니지만 지금 우리 스스로가 대학교에서 완전히 새로운 방식의 수업을 실험해본 거 아닌가요? 당연히 부작용이 많지만 막상 해보니까 이러이러한 좋은 점도 있지 않나 싶습니다. 언젠가 코로나19 사태가 진정됐을 때 모두 그만두고 다시 원래 상태로 되돌아갈 거냐, 아니면 남는 것이 있어서 긍정적으로 어떤 작용을 할 거냐? 이건 교수님들이 제기하신 질문과도 연관되어서 새로운 교육에 도움이 되는 방식으로 차용되지 않을까 싶은데 어떻게 생각하세요?

한준　비대면 교육의 장점과 단점이 분명 다 존재하는 것 같습니다. 그리고 비대면 교육의 단점 중 하나는 교사와 학생들 간의 상호작용을 매개하는 역할만 할 때는 사실 교실에서의 직접 대면만큼 성과를 못 낸다는 것이 문제가 아닐까 싶어요. 디지털 기술이 할 수 있는 것 중 하나는 AI를 활용하는 거죠. 그렇다면 개개인이 필요로 하는 교육, 혹은 부족한 것을 메워줄 수 있는 교육을 디지털 기술과 비대면이 할 수 있을 것이고 훨씬 더 좋은 성과를 내지 않을까 생각합니다. 실제로 제 학생 중에도 새로운 분석 방법이나 툴을 유튜브로 배운 학생들이 점점 많아지고 있습니다. 결국 책보다 디지털이 학생들에게는 더 친숙할 뿐만 아니라, 학습 효과가 높은 경우도 많이 봅니다. 그런 면을 더욱 발전시키면 비대면 교육을 오히려 더 좋은 면으로 사용할 수 있지 않을까 하는 생각도 듭니다.

주경철　조금 극단적인 면인지 모르겠는데 프랑스 같은 경우에는 한때 초등학생들에게 아예 컴퓨터를 사용하지 못하도록 한 적이 있어요. 왜냐하면 그런 건 나중에 얼마든지 쉽게 할 수 있는데 초등학교 수준에서 정말 중요한 것은 자연에서 놀고 인간들 사이에서 어떤 관계를 맺는 것이기 때문입니다. 약간 과도하지 않나 싶은데 너무 강화하는 건 아닌가 하는 우려가 되기도 합니다.

이진우　좀 덧붙이자면 한 교수님의 오늘 핵심 주제는 불평등이잖아요? 코로나19가 사회적 불평등을 오히려 심화하고 악화했으며 특히 요즘 온라인 교육도 강화되었지만 예전에도 컴퓨터는 있었잖아요. 제 기억으로는 MIT에서도 그런 운동을 펼친 적이 있어요.

아프리카처럼 저개발 국가의 교육 기회를 향상하기 위해 한 사람에게 한 대의 저렴한 노트북을 제공하자.

이러한 운동을 벌인 적이 있어요. 과거 교실 교육이라든가 소위 말하는 대면 교육을 할 때도 기존의 불평등 현상이 있잖아요. 미국만 하더라도 아이비리그가 있고요, 우리나라만 해도 좋은 대학들이 있는데 전 세계 시민들이 인터넷으로 연결되면 직접 대면하지 않고도 좋은 대학의 좋은 교육을 온라인 강의로 자유롭게 들을 수 있으니까요. 오히려 이게 기존의 불평등을 완화하거나 해소할 수도 있다고 많이 홍보해왔잖아요?

그런데 교수님 이야기를 들으니까 막상 코로나19가 돌고 나서 보니 교육 현장에서는 양극화 현상이 일어난다는 것으로 이해했는데 맞습니까?

한준 예, 일반적으로 우리는 디지털 교육이 미래 교육의 모델이라고 이야기해왔습니다. 하지만 현실적으로는 기존 대학들이 가지고 있는 장점 내지는 관성이 그대로 유지되어 왔다고 생각됩니다. 그런데 팬데믹이라는 상황은 그것을 못 하게 하기 때문에 현재까지 준비된 것만 학생들이 교육받을 수밖에 없었는데요. 온라인 강의는 사실 EBS 방송을 듣는 거랑 큰 차이가 없다는 생각이 듭니다. 그렇게 되면 주 교수님이 말씀하셨던 것처럼 학생들의 학습 습관, 그리고 자기주도적 학습을 얼마나 해봤느냐 하는 것이 굉장히 중요할 것 같고요. 그것이 준비되지 않은 경우에는 학습 능력이 떨어질 수밖에 없지 않을까요? 그러면 결국 우리가 지금 겪고 있는 사태를 교훈 삼아 비대면 교육이 학생들에게 도움이 될 수 있도록 어떻게 바꿀 것인지 하는 문제를 고민해야 될 때가 아닌가 싶습니다.

김병연 대면 교육을 공급과 수요의 측면에서 나눠본다면 공급하는 교수나 교사들은 그 현장에 와서 한정적인 수강생들에게 교육을 시행하죠. 현장에 직접 와 있기 때문에 학생들은 똑같은 퀄리티의 수업을 동시에 받는 거죠. 그런데 비대면 교육은 어떨까요? 수요자 측면에서 보면 어떤 학생들은 디바이스가 있기도 하고 없기도 해요. 또 어떤 사람들은 가정에서 잘할 수 있기도 하고 못 하기도 하고. 이런 차이가 있는 거예요. 요약하면 비대면 수업 시대의 교육은 수요 측면에서 볼 때 학생들 간의 퀄리티 차이가 더 문제라는 생각입니다.

그런데 공급자 측면에서는 퀄리티를 높일 수 있는 계기가 될 것 같거든요. 한 가지 방법은 아까 말씀하신 것처럼 AI가 여기에 가세해서 수요자들이 필요로 하는 교육을 맞춤형으로 하는 것입니다. 그래서 테크놀로지를 이용하면 수요 측면에서 불평등이 좀 완화될 수 있지 않을까 하는 생각이 드는데요.

장대익 저도 이 부분에 대해 관심이 많은데요. 진화적인 관점에서 보면 우리가 20만 년 정도 대면 교육을 해왔거든요. 그리고 소셜 러닝, 그러니까 사회적 학습, 동료 학습을 해왔어요. 그런데 어느 순간 팬데믹을 맞으면서 대면 교육을 할 수 없는 상황이 됐죠. 온라인 세계에서는 뭔가 계속 발전시키고 있는데, 제가 볼 때는 그저 한쪽에서 일방적으로 강의하고 그것을 온라인을 통해 듣는 수준에 불과해요.

그런데 교육을 어떤 방향으로 진화할 것인가에 대한 논의의 장에서는 지금 초기 단계라고 생각합니다. 불평등을 얘기하시는데 적어도 우리나라에서는 인터넷 접속이 안 되는 곳이 거의 없어요. 기기나 통신 품질 같은 것은 저희가 논의할 이슈가 아닌 거 같아요. 적어도 우리나라에서는 그렇죠.

부자들이나 여유 있는 사람들은 똑같이 온라인으로 교육을 다 해요. 그런데 그들은 오프라인 교육도 할 수 있는 사람들인 거죠. 예를 들면 학원도 보낼 수 있는 사람들인 거예요. 거기서 격차가 생기는 거죠.

우리가 이 격차를 어떤 식으로 줄일 수 있을까 생각해보면 오히려 온라인을 맞춤형으로 가는 거죠. 그러면 온라인만으로도, 다시 말해 온라인만 접속할 수 있는 사람들도 더 좋은 교육 기회를 얻을 수 있지 않을까? 이런 생각을 해봅니다. 그동안 코세라라든가 무크 같은 것이 사회적 거리두기와 상관없이, 팬데믹과 무관하게 온라인으로 진행되지 않았습니까?

코세라(Coursera)는 스탠퍼드 대학교의 컴퓨터공학 교수 앤드류 응(Andrew Ng)과 대프니 콜러(Daphne Koller)가 등록금을 내지 못하거나 교육의 기회에서 소외된 사람들을 위해 설립한 온라인 강의 사이트입니다. 이 강의에는 여러 대학교의 교수들이 동참하고 있죠. 또한 무크(Mooc)는 인터넷이 되기만 하면 언제 어디서나 들을 수 있는 데다 쌍방향이잖아요. 교수와 학생 간, 학생과 학생 간의 온라인 커뮤니케이션이 가능해서 협력적 과제 수행이나 상호 평가가 가능하죠. 그러면 수강생들끼리 그룹을 구성해 공부할 수도 있어요.

가장 큰 문제는 많은 사람들, 다시 말해서 20만~30만 명이 접속해서 수업을 듣는데 그 수업의 완수율은 10%밖에 안 된다는 거예요. 온라인은 오프라인보다 효과가 덜하다는 말인 거죠. 비용이 저렴하고 많은 사람들이 동시에 들어올 수 있지만 실제로 교육 효과는 떨어진다는 얘기거든요.

그런데 과연 온라인 교육이라서 교육 효과가 떨어지는 것일 수밖에 없는가? 이런 고민들을 지금 우리 인류 전체가 새롭게 해야 되는 시점이라고 생각해요. 말씀하신 대로 더욱더 맞춤형으로 가고 동료 학습이 잘 일어날 수 있는 방식으로 교육 플랫폼을 만드는 시도를 본격적으로 해야 하지 않는가? 그게 우리에게 주어진 숙제이며 그런 것들이 교육의 불평등을 막을 수 있는 방법이라고 생각합니다.

한준 디지털 기술의 제일 큰 장점 중 하나는 인터랙티비티(interactivity)라고 생각합니다. 상호작용성이거든요. 교실 교육에서 보면 선생님이 학생들과 인터랙션을 하는 겁니다. 그런데 비대면 교육의 지금 현재 모습은 주로 일방적으로 강의를 듣는 방식입니다. 그리고 선생님들을 인터뷰한 기사에도 나오는 얘기지만, 제일 아쉬워하는 부분이 학생별로 어느 정도 이해했는지 파악해서 부족한 부분을 채워주지 못한다는 점이죠.

사실 대학교에서는 조금씩 되는 거 같아요. 대학생들은 쪽지를 보내서 질문도 하고 강의실에서는 조금 수줍어서 못 하던 질문도 하고…… 저는 그게 오히려 장점이 될 수 있다고 봐요. 지금의 일방적인 교육의 부족한 점을 메워줄 수 있는 맞춤형이 되려면 콘텐츠도 바뀌고 방식도 바뀌어야 하는 거 아닌가 하는 생각입니다.

이진우 지금 팬데믹으로 인해 교육이 온라인으로 많이 이루어지고 있잖아요? 그것이 기존의 사회적 불평등을 심화할 수 있다는 주장이 있고요. 김 교수님이 말씀하신 것처럼 오히려 디지털 교육의 질을 향상하고 AI를 활용한다든지 하는 방식으로 이런 격차를 좀 줄일 수도 있지 않을까 하는 주장이 팽팽한 거 같아요. AI라는 것은 개인별 맞춤형 교육이 가능하다는 것을 전제하는 거잖아요. 그런데 교육에 있어서 제일 중요한 것은 학습자의 능력이 어느 정도이고 무엇을 요구하는지를 아는, 자기 주도 능력과 연관되어 있는 거죠. 제가 보기에는 오프라인 교실에서 인터랙션을 통해 찾아낼 수 있다고는 하지만 AI를 아무리 활용한다고 하더라도 학습자가 뭐가 필요한지, 또 어떤 것을 해줬으면 좋겠는지 같은 사항들을 주도적으로 요구하지 않으면 사실은 이 문제에 있어서도 결과적으로 또 계층이 나뉘는 것 아닌가 싶습니다.

김병연 교육이 무엇인가에 대한 생각이 드는데요. 저도 수업을 온라인으로 해보면 역시 임팩트는 떨어져요. 표준화된 지식, 그것도 고정형 지식을 전달하는 데는 오프라인, 온라인의 차이가 없어요. 오프라인 수업은 뭐랄까, 사람이기 때문에 현장감이 있지 않습니까? 정말 영감이 꽂히고 감동받고 뭔가 새로운 세계가 열리는 현장감의 측면에서는 아무리 온라인 교육이 발달되어 정말 뛰어난 세계 일류의 강사가 오더라도 그런 건 전달하지 못할 것 같아요.

장대익 저는 생각이 약간 다른데요. 교수 현실감, 교수 실재감, 이렇게 표현을 하더라고요. 교육학에서 보면 현 수준에서는 교수님 말씀에 동의합니다. 그런데 제 포인트는 이거예요. 불평등이 있어요. 그리고 지금 온라인으로만 공부하니까 굉장히 힘든데 온라인 플랫폼의 수준이 그야말로 콘텐츠만 올려놓고 소비하는 정도예요.

앞으로 펼쳐질 세계는 훨씬 어마어마할 수 있다고 생각합니다. 혹시 〈레디 플레이어 원〉이라는 SF 영화를 보셨는지 모르겠는데, 여기에서는 VR, AR을 쓰고 게임을 합니다. 그 현실감이라고 하는 것이 굉장해서 진짜 현장에 있는 것보다 더 실재감이 있거든요. 그런 일들이 앞으로 5년, 10년 내에 벌어진다면 이런 반성을 할지도 몰라요.

왜 우리가 그동안 계속 오프라인 방식만 고수했지?
왜 그 방법이 제일 좋다고 생각했지?

조금 반성할 수도 있겠다 싶어요. 그러니까 더 적극적으로 살펴보자는 뜻이에요. 지금 시작이니까 한번 해보자는 거죠.

그리고 맞춤형도 말씀하셨는데 어떻게 보면 학생들이 어떤 문제를 계속 틀리는지 선생님도 잘 모를 수 있죠. 이럴 때 AI는 알고리즘을 통해 학생이 지금 어디에 취약한지를 알고 계속 좋은 문제를 추천해줄 수 있거든요. 그런 도움을 받으며 또 새로운 걸 시도할 수 있지 않을까 하는 생각이 듭니다.

주경철 장 교수님의 희망적인 생각은 중요한 말씀이신데, 좀 주의해야 할 것도 있어요. 대학교 수준의 교육은 굉장히 정제된 지식만을 전해주는 것이잖아요. 그런데 초등학교 수준으로 내려가면 성장에 있어 굉장히 중요한 시기란 말이죠. 이때 정작 필요한 것은 지식 차원과는 다른 더 넓은 의미의 접촉이죠. 그런 건 끝내 채워주기가 좀 어렵지 않을까 생각됩니다.

김병연　중요한 말씀인데요. 노벨상을 받은 어느 경제학자가 상을 받기 전에는 교육이 제일 중요하다고 얘기했어요. 그런데 노벨상을 받고 나더니 요즘 하는 얘기가 이거예요.

　　사람의 성과를 좌우하는 것은 유치원 때다. 그 사람의 성품이 제일 중요하다.

　　이렇게 얘기하는 거예요. 사실은 인내심 같은 것만 해도 우리가 얼마나 많이 아는가보다 더 중요할 때가 많잖아요? 그런데 글을 배우는 공간이 현장감 있는 학교일 수 있거든요. 그게 AI로 바뀌어도 개인의 성품을 고양할 수 있는 교육으로 이어질 수 있죠. 그런 면에서 우리가 교육할 때 고정된 지식을 전달할 뿐만 아니라 유동적인 지식도 중요해요. 유동적인 지식은 컨텍스트로 배우는 것입니다. 아무리 AI 활용 교육이 이루어진다 해도 단기간에 성과를 내기는 어려울 겁니다. 그렇지만 주 교수님 말씀처럼 혼합 전략으로 가는 게 어떨까 싶어요.

장대익　블랜디드 러닝(blended learning, 혼합형 학습)으로요. (모두 수긍)

이진우　무크가 유행이잖아요? 무크 때문에 미국에서는 교육계에서 심각한 토론이 이루어지고 있죠. 그러면 이렇게 질문을 던질 수 있어요. 하버드, 예일, 프린스턴, MIT에서 제공하는 교육을 표준화한 형식으로 온라인 수업을 듣고 수료한다면 하버드에서 받는 교육과 똑같은 질을 얻을 수 있을까요?

많은 교육학자들이나 교육사회학자들은 이렇게 얘기해요.

표준화한 교육이 특정 모델로 독점화하면 실질적으로 이런 무크 교육을 제공하고 있는 대학들은 훨씬 더 경쟁력이 강해질 것이다.

왜냐하면 현장에 대한 교육 수요가 훨씬 더 많아지기 때문이죠.

또 하나는 여러분들도 아시는 것처럼 최근에 미국의 스타트업이 만든 실체 없는 미네르바 스쿨과 같은 새로운 교육기관의 경우 지식 전달은 온라인으로 하되 실질적으로 필요한 교육은 현장에서 다 이루어지죠. 학생의 배경이나 부모의 경제적 능력, 사회적 지위를 배격하기 위해 만든 학교라서 혁신적인 학교로 불리잖아요. 토론을 한다든가 현장의 문제점을 파악한다든가 하는 것들은 아직도 오프라인 교육이 아니겠나 생각하는 거죠.

이 문제를 여기에서 해결할 수는 없지만, 사실 교육의 양극화 현상이 결과적으로는 온·오프라인의 블랜딩 비율을 어떻게 하느냐에 달린 것 같아요. 그에 따라 사회적인 불평등도 완화하거나 심화할 수 있지 않을까? 이런 정도로 정리합니다.

　　마지막으로 그래도 불평등 문제이니까 발표하신 내용 중에서 새로운 계급이 4개 생긴다고 하셨는데요. 원격 계급부터 망각 계급에 이르기까지. 이것이 코로나19가 사라지고 난 다음에 경제학적으로 어떻게 정리가 될까요? 이 문제를 간단하게 정리하고 들어가면 좋겠습니다.

주경철　'세계의 망각된 자들이여, 단결하라'(웃음)라는 말이 있지 않아요?

한준　사실은 코로나19 때문에 그런 분류가 이루어졌지만 이미 이전부터 논의가 진행되어 왔습니다. 계급적인 구분이 한 나라 안에서만 있는 것이 아니라 코스모폴리탄과 로컬로 갈라진다는 것입니다. 전 세계를 돌아다니며 어느 사회에서도 일할 수 있는 사람들과, 이 땅을 못 벗어나고 자기가 살고 있는 지역, 자기가 태어난 지역에 갇힌 사람들의 격차는 점점 더 벌어지고 있는 것 같습니다. 그 불평등을 없앤다는 것이 사회의 목표가 되기는 어려울 것 같고요. 그 격차가 이 사람들의 인생에 있어서 얼마나 해로운 영향을 덜 미칠 수 있을까 하는 점들을 더 노력해야 하지 않나 싶습니다. 교육도 그런 면에서 좀 바뀔 필요가 있다고 생각합니다.

김병연 불평등이라는 것이 아웃컴이지 않습니까? 결과 변수인데 소득 불평등, 자산 불평등 같은 거죠. 물론 정부가 소득을 재분배할 수 있고 자산 재분배도 어렵지만 시도해볼 수 있거든요. 장기적으로 더 근원적인 해결책은 말씀하신 것처럼 교육 불평등 해소, 의료 불균형 해소, 그다음에 일자리 문제, 계층 이동성 문제 같은 거죠. 그러니까 양극화가 민주주의에 부정적인 영향을 주는 점은 자신 세대뿐만 아니라 자녀 세대가 어떻게 살 것인가를 봤을 때, 암울한 사람들은 더 불만을 가진다는 거예요. 그런데 계층 이동이 활발하면 장기적으로 소득 불평등이 이완될 수도 있고 또 공정하다고 생각하는 거죠. 그래서 계층 이동성을 어떻게 강화할 것인가. 특히 한국 컨텍스트에서도 계층 이동성이 떨어지고 있지 않습니까? 어떤 식으로 계층 이동이 활발하게 진행될 것인가를 더 고민해야 될 거 같아요.

한준 한국에서 계층 이동성은 사실 베이비붐 세대의 시절에는 구조 자체가 바뀌기 때문이에요.

나라가 성장하는 것이 내가 성장하는 것과 거의 같다.

저는 이것이 우리 사회 계층 이동성의 핵심이었던 것 같습니다. 그런데 세월이 흘러 저성장이 되고, 젊은 세대들이 들어갈 자리가 별로 없는 상황이 되니까 계층 이동성의 제약이라고 하는 말이 더 어렵게 느껴지는 것이죠.

계층 이동성을 더 어렵게 만드는 요인 중에 하나는 우리 사회의 제도가 굉장히 경직되어 있다는 점입니다. 노동시장도 경직되어 있고요. 게다가 조금 더 많은 투자를 해서 더 좋은 성과를 내보자고 해도 노사 관계가 교착 상태입니다. 물론 교육에는 굉장히 많이 투자되어 있습니다만.

그 부분은 어떻게 풀어낼 수 있을까요? 자기의 노력이 자기의 성취에 얼마나 근사치로 다가갈 수 있을까? 저는 그것이 사회의 계층 이동성에 가장 핵심적인 문제이지 않을까 싶습니다.

장대익 지금 한국이 초저출산 국가로 접어들었지 않습니까? 지금 굉장히 심각한 문제예요. 출산율이 0.8, 0.7이 되고 있어요. 전 세계에서 이렇게 낮은 나라는 없는데, 이것도 하나의 결과죠. 불평등과도 연결되어 있고, 계층 이동성과도 관련되어 있는데, 사람들이 왜 교육에 마구 투자를 할까요? 베이비붐 시대에는 조금만 교육받아도 사회에 나가서 뭔가를 하면 먹고살 만했죠. 그러니까 애도 낳았는데, 지금 서울이나 수도권만 생각해보면 너무나 많은 사람들이 몰려 있어요.

동물행동학적 측면에서 보면 자기 주변에 존재들이 많으면, 다시 말해 개체들이 많으면 애 낳는 것을 조금 미루거나 포기합니다. 왜냐하면 애를 낳아봤자 소용없기 때문이죠. 그 애가 살아남을 확률이 낮아지기 때문이에요. 그래서 지금 이런 인구밀도에서는 사실 애를 안 낳는 것이 무척 진화론적인 적응 전략이에요.

이진우 아주 자연스럽네요.

장대익 아주 자연스러운 거죠. 그래서 이걸 어떻게 해결해야 하느냐? 다음과 같은 느낌을 줄여주면 됩니다.

우리 사회는 경직된 사회다.
모두 하나의 목표를 향해서만 가고 있다.
가치가 일원화되어 있다.

이런 느낌을 줄여주는 방식으로 구조를 만들어주지 않으면, 사실 저출산 추세는 어떻게 해볼 방도가 없어요. 그것을 고민해봐야 한다고 생각합니다.

이진우 불평등 문제가 나오고 계층 이동의 단절이라든가 하는 얘기 나오면 희망을 잃어버린 것 같아요. (주경철을 보며) 혹시 역사학자로서 좀 희망을 주실 수 있는 부분이 없을까요?

주경철 억지로 찾아야죠.(웃음)

이진우 억지로라도요?

주경철 아이를 안 낳는 이야기까지 나왔는데요. 같은 이야기가 될지, 다른 이야기가 될지 모르겠습니다만 제가 파악하기에는 지금 젊은 사람들이 가지고 있는 느낌이 이런 것 같아요.

이렇게 살아가는 거 자체가 결코 즐겁지 않다.
여기가 즐거운 곳이 아니다.
난 행복하지 않다.

이런 의식이 심리 기저에 깔려 있는 게 아닌가 싶어요. 바닥을 치고 나서 사회적으로 어떤 직장을 얻고, 어떻게 사는 게 행복한 것이 아니라는 것을 깨닫고, 다양한 종류의 다른 행복을 찾기 시작했죠. 어떻게 보면 현대인이 그렇게 소비에 열심인 이유가 다른 쪽에서 별로 행복을 찾지 못하기 때문이죠. 최대의 소비를 함으로써 그나마 행복을 보상받으려고 하는 행위가 아닌가 하는 생각이 듭니다.

이 단계를 넘어서 뭔가 이 사회가 더 다양화하면 어떤 새로운 길이 열리지 않을까요? 막연합니다만 그런 희망을 가지고 있습니다.

이진우 예.

주경철 제 말이 희망이 되나요?(웃음)

이진우 방향으로서는 정말 커다란 희망인 거 같아요. 사회가 양극화하고, 양극화하면서 삶의 양식은 획일화하고 표준화하는데, 이걸 극복하려면 우리 사회가 지금보다는 조금 다원화해야죠. 사람들이 다양한 목표를 추구하고, 또 다양한 곳에서 행복을 느낄 수 있다면 아무래도 그것이 사회적 불평등을 줄일 수 있는 길이 아닐까 생각해봅니다.

분명한 것은 코로나19가 우리 사회가 이미 안고 있던 여러 가지 구조적 문제를 부각시켰다는 점에서는 나름의 역사적 의미를 가지고 있는 거 같아요. 그래서 이런 문제들에 대해 어떻게 대처할 것인가 하는 고민이 코로나19가 지나가고 난 다음에 우리가 어떤 사회를 원하는 것인가와 밀접한 관계가 있습니다. 그 때문에 상당히 심도 있게 앞으로도 계속 논의해야 할 대상이 아닌가 생각해봅니다. 오늘 좋은 발표와 정말 좋은 토론을 해주신 여러분들께 감사의 말씀을 드립니다. 여기서 마치겠습니다.

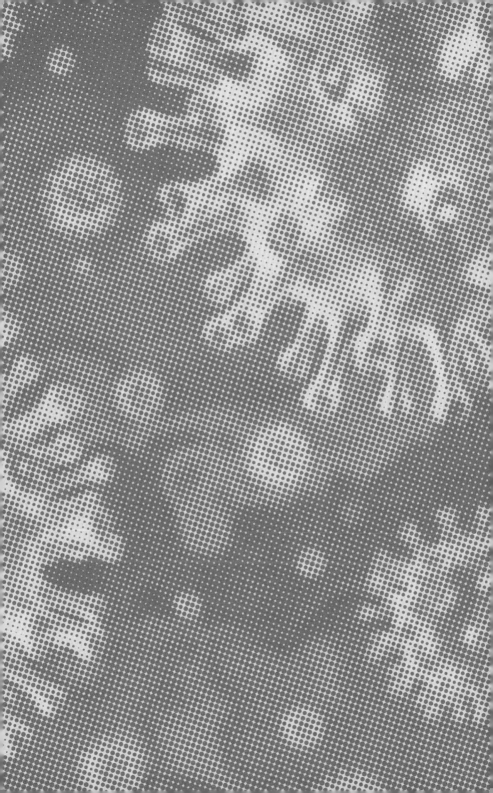

5장

인지적 혼란과

탈진실

장대익

서울대 자유전공학부 교수

장대익

서울대 자유전공학부 교수

안녕하십니까? 서울대학교 자유전공학부의 장대익입니다. 저는 팬데믹 시대에 어떻게 우리의 인지적 혼란이 증폭되고 있는지에 대해 말씀드리고 싶은데요. 팬데믹, 인포데믹 그리고 탈진실이라는 주제로 이야기해보겠습니다. 지금 다들 어려운 팬데믹 상황에서 바이러스뿐만 아니라 무분별하게 쏟아지는 각종 정보가 우리에게 혼란을 주고 있습니다. 그러한 것을 우리는 인포데믹이라고 합니다. 그릇된 정보가 인터넷이나 SNS로 대표되는 미디어를 통해 빠르게, 마치 전염병처럼 전파되어 사람들을 혼란에 빠지게 하는 현상을 말합니다. 그래서 이런 현상이 어떻게 팬데믹에 의해 증폭되는지 먼저 말씀드리도록 하겠습니다.

　예일 대학교의 역사학자인 프랭크 스노든 교수는《전염병과 사회》에서 이러한 팬데믹은 처음이 아니고 역사 속에서 오랫동안 존재해왔는데 반복되는 역사에는 공통점이 있다는 것을 발견하게 되었습니다. 그것은 사회적 차원에서 부정적 감정의 확산과 인지적 혼란인데요. 예컨대 14세기에 흑사병이 퍼졌죠? 그때 유대인이 우물에 독을 탔다는 식으로 루머를 퍼트렸습니다. 그래서 수많은 유대인을 학살한 끔찍한 일들이 있었죠. 오늘날은 이런 학살을 자행하기는 어렵지만 실제로 코로나19가 이렇게 확산되기 시작할 때 특히 유럽에서 아시아인들에 대한 혐오와 배제의 행동들이 굉장히 많았습니다. 지금도 여전히 이 공통된 반응, 다시 말해 혐오와 인지적 혼란은 계속되고 있다고 말씀드릴 수가 있습니다. 정리해보면 팬데믹은 인지적 혼란과 정서적 혐오를 불러일으켜 왔습니다. 미국뿐만 아니라 유럽, 또는 우리나라도 마찬가지입니다만 자기 입장에서 무엇인가를 반대하고 타 집단에 대한 혐오를 표출하는 일들이 지금도 진행되고 있습니다.

이것을 인포데믹(infodemic)이라는 말로 정리할 수 있을 텐데요. 이것은 '정보'라는 뜻의 인포메이션(information)과 '전염병'이라는 뜻의 에피데믹(epdemic)을 합성한 말입니다.

기억하실지 모르겠지만 2003년에 사스 바이러스가 홍콩 등지에서 창궐하기 시작했는데요. 그때 사스 바이러스뿐만 아니라 이 바이러스에 대한 루머 때문에 사람들이 굉장히 큰 피해를 보고 있다는 기사를 누군가가 〈워싱턴포스트〉에 쓰면서 인포데믹이라는 신조어가 만들어졌죠.

혹시 플랜데믹(plandemic) 관련 영상이나 기사를 보셨을지 모르겠습니다. '계획'을 의미하는 플랜(plan)과 팬데믹의 합성어인 '플랜데믹'은 전염병이 의도적으로 유포됐다는 의미의 신조어입니다. 이 플랜데믹을 검색해보거나 사이트에 들어가 보면 조금 정상적이지 않습니다. 왜냐하면 다음과 같은 음모론들이 잔뜩 퍼져 있거든요.

"코로나19는 빌 게이츠가 백신 장사를 위해 일부러 만들어낸 것이다."

한마디로 음모론을 유포하는 사이트라고 할 수 있죠. 말도 안 되지만 실제로 많은 사람들, 적어도 1억 명이 봤다는 기록을 보면 팬데믹이 어떻게 인지적 혼란을 주는지 알 수 있습니다.

인포데믹의 사례들은 이 밖에도 굉장히 많은데요. 여러분들도 한 번쯤 들어봤고 또 한 번쯤 혹했을 만한 것들이 있습니다.

"코로나19에 걸리면 영구적 폐 손상이 일어난다."

실제로 처음에는 그렇게 루머가 퍼져서 매우 큰 공포감에 휩싸였는데 실제로는 그렇지 않다는 게 밝혀졌지요.

"어린이나 청년은 코로나19에 걸려도 크게 치명적이지 않다."

실제로 병에 걸려 죽은 청년들이 많이 있습니다.

"마스크는 코로나19의 전파를 막을 수 없다."

사실 이건 굉장히 심각한 거짓 뉴스였죠. 실제로 막을 수 있고요. 마스크가 굉장히 큰 역할을 했다는 것을 여러분도 다 아실 겁니다. 그런데 초창기에 코로나19 바이러스를 잘 몰랐기 때문에 전문가들도 매체에 나와서 이렇게 말했죠.

"마스크는 의료진이나 환자에게 돌아가야 하니 쓰지 말고 손을 열

심히 씻으세요."

이렇게 얘기했던 기억이 납니다. 사실 그건 거짓 뉴스였죠. 이
처럼 실제로 전문가들도 조금 헷갈리는 정보들이 많이 있습니다. 많
은 사람들이 웃으면서 "그냥 이런 얘기도 있다"고 말하지만 실제로
대다수의 사람들이 이런 글을 믿고 있다는 것에 놀랐습니다. 이것이
모두 인포데믹이라고 할 수 있습니다.

최근에는 프랑스에서 〈홀드업〉이라는 다큐멘터리가 방영되었
는데요. 이 다큐멘터리는 빌 게이츠가 팬데믹을 만들었다고 하는 정
보들을 굉장히 설득력 있게 제시하고 있습니다. 사실 거짓 정보인데
놀랍게도 많은 사람들이 고개를 끄덕이고 있습니다. 물론 프랑스 정
부가 잘못 대처한 것에 대한 반작용이었지만 이런 견해들이 지금도
퍼지고 있다는 사실은 놀라운 일이죠.

그렇다면 이런 거짓 정보, 잘못된 루머들이 왜 이렇게 확산되고 있을까요? 이것이 어떻게 만들어지고 있는지, 이것을 포스트트루스(post-truth)라고 하는 탈진실의 관점에서 말씀드리도록 하겠습니다.

여론을 형성할 때 객관적 사실보다 개인적 신념과 감정에 호소하는 것이 더 큰 영향력을 발휘하는 현상을 탈진실 현상이라고 합니다. 실제 사실과는 관계없이 그저 사실처럼 느껴지는, 그래서 그것에 설득당하고 마는 현상을 말하는데요. 가령 이런 것들입니다.

"기후 변화의 심각성은 중국 정부가 미국 경제를 파멸시키려고 계획한 사기극이다."

이 이야기를 누가 말했는지 아십니까? 미국 전 대통령 도널드 트럼프가 실제로 한 말이죠. 이럴 리가 없죠. 그런데 버젓이 전파되고 있습니다. 극명한 사례가 2016년 1월 4일에 있었던 피자게이트입니다.

'코멧(Comet)'이라고 하는 피자 가게가 있었습니다. 당시 힐러리 클린턴이 대선 후보로 나왔는데 이곳에서 아동 성매매를 대대적으로 하고 있다는 말도 안 되는 정보가 돌기 시작했습니다. 그것을 굳건하게 믿었던 열혈 공화당 지지자가 찾아가서 총기를 난사하는 끔찍한 일이 벌어졌습니다. 이것이 탈진실, 혹은 가짜 뉴스가 우리에게 실제로 피해를 줄 수 있는 사례라고 할 수 있겠죠.

　그렇다면 이런 일들이 왜 일어났는가? 이것을 이해해야만 막을 수 있을 텐데요. 개인적 차원에서도 이야기해볼 수 있고, 집단적 차원에서도 논의해볼 수 있습니다. 개인적 차원에서는 보통 두 가지 이론을 얘기하는데요. 자기가 믿고 있는 것과 실제 어떤 불일치가 일어났을 때 그것을 합리화하는 과정이죠. 인지부조화 이론이라고 합니다.

　또 자기가 믿고 있는 이론과 다른 믿음들, 혹은 다른 정보들이 들어왔을 때 그것은 그냥 무시하고 자기의 이론을 확증하는 것만 받아들이는 이른바 확증편향이 있습니다.

　자기합리화와 확증편향이라고 하는 인지적 편향은 사실 모든 개인들이 갖고 있는 보편적인 성향이라고 할 수 있습니다. 정도의 차이는 있습니다만……. 그래서 이 두 가지가 이런 혼란 상황에서 아주 잘 작동하고 있다고 볼 수 있습니다만, 이것만으로 모든 걸 설명할 수는 없습니다. 왜냐하면 잘못된 정보가 돌고 확산되는 것은 집단적인 현상이기 때문이죠.

집단적 차원에서는 이렇게 이야기해볼 수 있습니다. 이세돌과 알파고 대국 기억하실 텐데요. 혹시 누가 이길 거라고 예측하셨습니까? 우리는 '인간 대 기계'의 대국이라는 측면에서 인간이 이기기를 바랐습니다. 그 인간 바둑 챔피언이 우리나라의 이세돌이었기에 많은 사람들이 당연히 이세돌이 이길 것이라고 예측했죠.

저희 실험실에서 어떤 사람들이 제대로 된 예측을 할까에 대한 실험을 했습니다. 저희 궁금증은 이런 겁니다. 자기 주변에 비슷한 성향을 갖고 있는 사람들이 있을 때와 다양한 사람들이 정보를 줄 때 어떻게 다를까? 다시 말해서 자기 네트워크를 어떤 방식으로 운영할 경우에 더 올바른 예측, 알려지지 않은 사실에 대해 더 정확한 예측을 할까? 이런 의문 아래 가설을 세웠습니다.

주변에 있는 사람들이 친구 관계가 아니라 서로 잘 모르는 상황에서 다양한 인풋이 들어올 때 더 올바른 예측을 하게 될 것이다.

이것을 이고-네트워크 밀도(ego-network density)라고 합니다. 이고-네트워크 밀도가 낮은 사람일수록 올바르게 예측하고, 높은 사람일수록 그렇지 않을 것이라고 예측하고 가설을 세웠지요.

실제로 실험해보고 결과를 분석해보았습니다. A와 B유형으로 나누었는데, A형은 자기 주변에 있는 친구들이 실제로 서로 친구인 경우이고, B유형은 친구들이 있지만 그 친구들끼리는 서로 모르는 경우입니다. 실험 결과 예측대로 A유형보다는 B유형이 알려지지 않은 사실들에 대해 훨씬 더 정확하게 예측한다는 것을 알게 됐죠.

이것이 무엇을 의미합니까? 우리 주변을 보면 굉장히 멀쩡한 분들인데 현실 인식이 대단히 이상한 분들이 있죠. 그런 사람을 가만히 보면 주변에 사람들은 많은데 모두 다 예스맨들인 경우가 많아요. 다양한 사람들의 의견을 듣는 것이 아니라 주변에 하나같이 똑같은 인풋을 내는 사람들만 있는 경우입니다. 이것이 우리에게 잘못된 정보들을 더 증폭시키는 결과를 낳는 것입니다.

최근에는 추천 알고리즘이 일종의 이런 동조 현상들을 더 증폭시킵니다. 예를 들어 페이스북 같은 SNS를 보면 여러분들이 좋아하는 포스팅에 대해 '좋아요'를 누르잖아요? 그러면 자기가 좋아하는, 성향에 맞는 글들만 계속 내 SNS 계정 포스트에 들어오죠. 내가 옳다고 믿으면 그 옳다는 믿음이 계속해서 증폭됩니다. 이걸 '반향

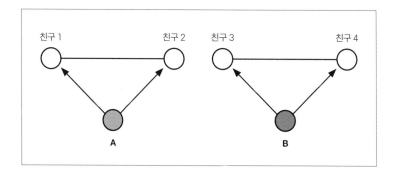

실(eco-chamber)효과'라고 부릅니다. 그 결과 내가 그동안 선택한 것들을 필터링해서 내가 좋아하는 것만 나에게 추천해주는 필터버블(filter-bubble) 현상이 일어나게 됩니다.

저도 추천 알고리즘을 쓰고 있는데요. 넷플릭스나 유튜브에서 저에게 추천하는 것들은 저의 성향에 맞는 거라고 할 수 있습니다. 그러면 좋은 거 아니냐고 얘기할 수 있는데요. 추천 알고리즘은 내가 선택한 것과 비슷한 것, 나랑 성향이 비슷한 사람들이 좋아하는 것만을 추천해줍니다. 그러니까 나의 과거와 나의 성향에 갇혀 있게 되는 것이죠. 심지어 이것이 아주 잘 작동한다는 게 큰 문제입니다.

이런 추천 알고리즘을 사용하고 있는 현재 사회에서 우리가 잘못된 믿음들을 갖고 있을 때 그것은 계속 증폭할 수밖에 없습니다. 그래서 다른 믿음을 갖고 있는 사람과 점점 멀어지고 점점 차별될 수 있죠. '우리 대 그들'의 현상들이 계속 증폭될 수 있는 그런 시대가 오고 있는 겁니다.

그렇다면 이 탈진실의 시대에 어떻게 살아야 될까? 크게 세 가지만 말씀드려 보겠습니다.

네트워크를 좀 더 다양하게 가질 필요가 있다.

주변 사람들이 서로 같은 생각이 아니라 다양한 인풋들을 줄 수 있는 네트워크를 갖고 있는지 개인적 차원에서 점검해봐야 합니다.

확증편향들을 줄일 수 있는 방법들을 생각해보자는 겁니다.

공감의 반경을 넓혀야 한다.

내가 어떤 사람들, 혹은 어떤 집단에게 깊이 공감하는 것이 아니라 타인들의 견해에 얼마나 다양하게 공감하느냐의 문제입니다. 즉, 공감의 반경을 얼마나 더 넓힐 것인가에 대해 더 고민해봐야 합니다.

디지털 다이어트를 시도하자.

알고리즘을 통해 너무 과거에만 갇힌 생각들에서 벗어나기 위해서는 디지털 다이어트 같은 것들을 시도해볼 필요가 있습니다. 심지어 개발자 입장이나 기업의 입장에서도 이 알고리즘을 공감의 반경을 넓힐 수 있는 방식으로 개발하려는 노력이 필요할 것 같습니다.

이 탈진실 시대에 어떻게 살아가는 것이 더 현명한 것인가? 우리 집단 차원에서 어떤 노력을 해야 하는가? 이 문제는 토론을 통해서 더 알아보도록 하겠습니다. 감사합니다.

이진우 안녕하세요. 오늘 사회를 맡은 포스텍 이진우입니다. 조금 전에 아주 흥미로운 발표를 들었는데요. 장대익 교수님께서 팬데믹, 인포데믹 그리고 탈진실 등의 새로운 용어들을 소개하셨습니다. 코로나19가 새로운 용어를 범람시키는 주범이라는 느낌을 받는데요. 코로나19 바이러스가 위험하기는 하지만 사실은 바이러스 전파보다도 더 빠른 속도로 전파되는 것 중에 하나가 가짜 뉴스, 허위 정보, 거짓말……. 이런 것들이 아니겠습니까?

바이러스는 생물학적으로 백신과 치료제가 개발되면 어느 순간 사라질 수 있지만 교수님께서 오늘 소개해주신 인포데믹은 쉽게 사라질 문제가 아닌 것 같아요. 그렇기 때문에 그 영향이 훨씬 더 심각할 수도 있겠다는 느낌을 받았습니다. 이 문제에 대해 자유롭게 토론을 열어주시죠.

한준   탈진실이라고 하는 문제는 한편에서는 진실성을 따지기 어려운 상황들이 많아졌다는 측면을 반영한 것일 수도 있어요. 그렇지만 지속 된다면 사람들은 다음과 같은 태도를 보일 것 같아요.

'진실인지 아닌지 이제 나는 상관하지 않겠다. 나는 보고 싶은 것만 보겠다.'

그것이 어떤 사회적인 부작용으로 연결될지 생각해보면 좋을 것 같습니다. 사람들이 과거에는 진실을 찾기 위해 노력했는데 이제 는 그런 노력을 아예 방기해버리거나 그런 것에는 관심도 없고 하고 싶은 것만 하고, 믿고 싶은 것만을 믿겠다고 나설 것 같아요. 양극화 라고 하는 것도 그런 면에서 바라볼 필요가 있습니다. 정치적 양극화, 아니면 인종적 양극화, 아니면 의견의 양극화 같은 것들 말입니다.

장대익   말씀하신 대로 진실은 자기 공동체 안에만 있는 거죠. 자기 집 단에만 통용되고 그 집단 사람들만 받아들이고 있는 진실을 말합니 다. 사실 다른 집단에서 보면 그것은 진실이 아닐 수도 있고, 약간 잘 못된 정보가 들어갈 수도 있는 거죠. 그런 사회를 "원래 그런 거야"라 든가 불편하지 않다고 느끼면서 "뭐 그렇게 살아도 되는 거 아니야?" 이렇게 반문하시는 분도 계시겠지만 그게 사라질 수가 없죠. 왜냐하 면 우리는 부족국가가 아니잖아요. 예전에 수렵이나 채집 생활을 할 때는 그렇게 살았겠지만 지금은 지구상에 77억에 달하는 인구가 있습니다. 그리고 지금은 소수의 의사 결정이 모든 사람에게 영향을 미칠 수도 있는 상황인데 각자의 폐쇄적 진실만 믿고 있는 사회는 굉장히 불안한 거죠. 갈등이 만연될 수밖에 없는 겁니다. 그래서 이 문제는 쉽게 해결될 수 없는 거죠. 양극화가 왜 문제가 되느냐고 질문한다는 것 자체가 지금 상당히 심각한 문제라는 걸 반영한다고 봅니다.

김병연 결국 자기가 선택해서 쓸 수 있는 SNS가 크게 증가함에 따라서 자기가 원하는 것만 보게 되고, 그럼으로써 확증편향이 더 강해지면서 사회가 분열됩니다. 그 현상이 고스란히 민주주의에 반영될 텐데 이러한 것이 바로 위기 아니겠습니까?

그러면 SNS 같은 것도 사용자의 입장만 강화하는 주장이 아니라 다른 사람의 생각도 들어볼 기회를 열어주는 알고리즘 같은 게 가능하지 않을까요?

장대익 SNS를 하면서 나와 다른 견해에 대한 정보를 받거나 보고 싶다면 어떻게 해야 할까요? 포스팅을 읽고 난 후 너무 싫고 혐오감이 들어도 '좋아요'를 눌러줘야 합니다. 그래야 비슷한 다른 견해들이 나한테 송출되거나 추천되니까요. 그러지 않고 정말 내가 좋아하고 내가 읽기 편한 글만 '좋아요'를 누르면 계속 비슷한 글만 올라오게 되는 거죠.

지금의 알고리즘은 그게 잘 작동하고 있어요. 익숙한 것, 익숙한 생각, 비슷한 생각들이 더 편하고, 그렇기에 더 만족감을 느끼는 건데 사람이라는 게 어느 순간, 과거로부터 약간 단절되고 새로운 생각과 새로운 사람들을 만나면서 성장의 과정이 시작되잖아요? 지금 여러분들이 쓰고 계신 SNS 알고리즘을 잘 보면 결국 자기의 과거 성향을 넘어서지 못하게 만들고, 자신들 사이트에 조금이라도 더 붙잡아놓으려는 것이 개발자의 의도인 것이죠. 우리 사용자의 지적인 성장, 어떤 감정적인 성숙과는 전혀 관련이 없고 관심도 없어요. 그냥 다른 데 가지 않도록 붙들어놓고자 하는 겁니다. 그러니까 알고리즘이 작동한다는 사실을 먼저 인지하는 게 중요할 것 같고요.

문제는 그걸 넘어서서 사람들이 새롭게 사용할 만한 새로운 알고리즘이 있느냐? 뜻밖의 발견을 해낼 수 있는⋯⋯. 예를 들면 인터넷 서핑을 하다가 어느 순간 내가 한 번도 경험해보지 못했지만 정말 나의 성장에 도움이 되고 나도 좋아할 수 있는 것을 추천해주는 알고리즘이 가능할까요? 지금은 아쉽게도 없습니다. 저는 개발자들이나 관련 기업이 그런 생각을 해야 된다고 봐요.

이진우 제가 보기에는 이게 모순인 거 같아요. 조금 전에 말씀하신 것처럼 확증편향이라든가 인지편향을 조금 줄이기 위해서는 실질적으로 지금 굉장히 혐오스럽고 싫어하는 의견이라도 '좋아요'를 눌러야 한다는 것은 거짓말을 해야 한다는 뜻 아니에요?

장대익 그렇죠.

이진우 거짓말을 해야 거짓말을 줄일 수 있다는 이 모순적인 현상을 어떻게 해결하죠?(웃음) 알고리즘의 속성에 대해 게임을 개발하는 사람들의 이야기를 들어봤어요. 재미있는 게임도 여러 가지 종류가 있는데 전쟁 게임 같은 경우는 공격해서 파괴해야만 점수가 올라가는 식으로 공격적인 성향을 강화하는 방향으로 알고리즘이 짜여진대요. 그런데 게임 자체가 협동을 해야만 문제를 해결하는 종류라면 그런 방향으로 알고리즘이 강화된다는 거예요. 그러니까 사실은 알고리즘을 통해서 지금 이루어지고 있는 편향성을 극복한다는 것은 상당히 어려운 일이 아닌가 하는 의문이 들어요. 알고리즘을 활용한 기술을 우리가 사회에서 어느 정도까지 받아들일 수 있는가 하는 것은 결과적으로 문화적인 성숙도에 따라 달라지는 것이 아닐까 하는 생각이 들어요.

한준 철학에서 수행성이라고 하는 개념을 접하게 되는데요. 지식이라고 하는 것은 한편에서는 세상을 보여주는 일종의 카메라처럼 작동하기도 해요. 그러면서 지식이 사람들을 움직이게 하는 수행성을 갖고 있다고 본다면 내가 갖고 있는 지식이 나를 어느 방향으로 끌고 가는가에 대해 성찰해야 합니다. 그런 가능성을 잃어버렸을 때는 주체성이 사라지는 것이 아닌가 하는 두려움이 들 때가 있습니다. 그래서 이런 고민을 할 때가 된 거죠. 어떻게 학생들을 교육시킬까? 나이 드신 분들은 점점 더 양극화하고 탈진실화하지만 아직 앞날이 많이 남아 있는 젊은 사람들이 탈진실 시대를 살아가려면 어떤 것들이 필요한가? 이런 고민이죠.

장대익 팬데믹 상황이 되니 사람들이 잘 못 만나잖아요? 바깥 활동이나 사람들을 만나는 접촉이 줄어드니까 시간을 어디에 더 많이 쓰는가 살펴보면 당연히 핸드폰이나 컴퓨터 앞에 앉아 있다는 거죠. 상대적으로 그런 알고리즘을 더 많이 사용하게 되는 거예요. 조금 전에 문화적 성숙도를 말씀하셨는데요. 저는 최근에 다큐멘터리 〈소셜 딜레마(Social Delemma)〉를 넷플릭스에서 봤어요. 어쨌든 지금 넷플릭스 문제도 얘기하고 있지만요.

〈소셜 딜레마〉를 보면 페이스북에 '좋아요'를 누르는 기능을 설계한 사람이 나와요. 처음에 설계할 때는 이런 고민을 안 했대요. 무척 좋게 쓰일 거라고 생각했는데 지금 문제가 너무 많다고 해요. 이 알고리즘이 결국 사람을 양극화로 몰아가고 자기가 좋아하는 사람들하고만 유유상종하게 만들어서 자신을 더 닫힌 세계 안에 가둔다는 거예요. 이 문제를 어떻게 해결해야 할지 몰라 설계자의 입장에서 너무 힘들다고 증언했어요.

이것은 전 세계적인 상황이에요. 세계적으로 구글과 페이스북을 널리 사용하잖아요. 그들이 어떻게 이 버튼을 누르는지에 따라서 우리를 더 뭉치게 하기도 하고, 더 갈등을 만들기도 하죠. 그런 일들이 실제로 전 세계적으로 벌어지고 있어요. 그래서 이것이 굉장히 중요한 문제가 되어버린 거예요. 팬데믹 시대에 우리가 SNS의 세계에 빠져 더 많이 사용하게 되니까요.

주경철 틀림없이 이진우 교수님이 또 역사적으로는 뭐 없겠냐고 물어보실 것 같아서(웃음) 일종의 반론을 말씀드릴게요. 우리는 흔히 어떻게 생각하기 쉽냐 하면, 위기가 닥치고 팬데믹이 세상을 덮칠 때 나타나는 현상인 탈진실, 그리고 집단이 나뉘고 누군가를 비난하는 갈등, 억압 이런 것들이 굉장히 심화하지 않겠냐라고 추측할 수 있어요. 그럼 역사적으로 꼭 그랬냐 하면 안 그런 경우들도 많이 있었어요.

　　대표적으로 14세기 페스트 같은 경우에는 유대인 학살이 일어나는 등 문제가 심각했죠. 그다음이 콜레라인데, 이때도 도저히 상상할 수 없는 일들이 많이 일어났죠. 주로 의사, 간호사, 관리, 이런 사람들을 공격했어요. 예컨대 이탈리아에서는 이런 소문이 퍼졌어요.

콜레라 같은 병은 의사들이 일부러 퍼뜨린 거다.
지금 이탈리아가 인구 과잉이기 때문에 인구를 없애기 위해서 퍼뜨린 거다.

　　음모론이 크게 퍼져서 사람들이 막 들고일어났죠. 지금 산 채로

파묻으려고 하는 그 사람들을 우리가 구해야 된다고 병원으로 달려가 의사를 죽였어요. 그때 마침 인구조사를 하던 관리도 죽이고……. 이런 어리석은 일들이 많이 일어났죠.

하지만 다른 사례들도 꽤 많이 있습니다. 예컨대 로마시대에도 이런 질병이 크게 퍼지면 신에게 제사를 지냈다고 해요. 귀족들이 음식을 많이 해서 신에게 제사를 지낸다고 하는 명분으로 가난한 사람들에게 나눠주고, 교도소에 갇혀 있던 사람들을 풀어주고…….

20세기 미국에서도 그런 일이 많이 있었다고 해요. 미국에서는 백인우월주의자들이 흑인들을 공격하는 경우도 있지만 굉장히 큰 위기가 닥쳤을 때는 흑백이 오히려 화합하는 경우도 많이 있었어요. 그래서 어떤 상황에서 동정과 화합으로 가는지, 또 어떤 상황에서 차별과 억압으로 가는지에 대한 연구들을 보면 잘 파악이 되지 않더라고요. 굉장히 극심한 상황이거나 치명률이 높을 때 훨씬 더 억압적인 상황이 벌어지는 것 같다고 추정하는 정도이지 정확한 답을 내리기는 힘들 것 같습니다.

강조하고 싶은 건 인간에게 이런 위기, 질병이 있으면 꼭 상황을 악화시키는 방향으로만 가는 것은 아니니 다른 가능성도 분명히 있습니다. 그게 무엇인지를 찾아내서 그 방향으로 유도할 필요는 있을 것 같습니다.

이진우　사실 생존 자체가 문제가 될 때는 설령 거짓이라고 하더라도 허위 정보 같은 것에 취약해진다는 것은 역사적으로도 증명되는 거지요. 사회학적으로도 입증되고요. 오늘날 디지털 시대가 되고 인터넷이 보편화되다 보니 실시간으로 전파되어 그 빠르기가 비교할 수 없죠. 문제는 디지털 시대가 되어서 수많은 정보들이 유통되는데 무엇이 사실에 가까운 정보이고, 무엇이 허위 정보일까? 이것에 대한 판단력이 문제가 될 수도 있죠. 필터버블이라든가, 체리피커링이라든가 하는 것이 자기가 듣고 싶은 것만 듣고 보고 싶은 것만 보려는 성향을 말하잖아요. 이런 현상이 과거에도 있었고 현재에도 있습니다. 지금 문제가 되고 있는 인포데믹이라든가 탈진실, 이런 문제를 해결할 수 있는 잠재력 같은 것이 우리에게 없을까요? 꼭 그것을 부정적으로만 봐야 할까요?

김병연 하나의 희망적인 가능성은 사람에게는 균형 기능이 있기 때문에 한쪽으로 지나치게 치우치면 그로 인한 비용이 커지니까 다른 쪽에서 대안을 찾으려는 속성이 있다는 거예요. 개인이든 사회이든 마찬가지예요. 지금 현재로서는 SNS 기업에서 자체적으로 다른 정보를 제공할 수 있는 일종의 유인이 없다는 말씀이잖아요?

그러면 다른 시장이 생기겠죠. 예를 들어 뉴스의 진실성 정도를 평가해서 글을 공개하고 그것을 사람들이 보게 하거나, 기재를 SNS 상에 좀 넣어줘서 한번 자기를 객관화하는 거울 같은 역할을 할 수 있는 회사가 생길 것 같아요. 그것 역시 사람들이 해야 하는 것이지만요. 그렇게 되면 일종의 제약이 또 생기겠죠.

또 하나는 핵심으로서 개인 대 개인이 성찰하는 것인데요. 집단의 관심사라는 것이 어떤 면에선 마약 같은 것이어서 그 안에 있으면 자기가 행복해지거든요. 똑같은 생각을 하는 사람을 만나면 행복하고 기분이 좋아지는데, 다른 얘기를 하는 사람을 만나면 기분이 나빠지지 않습니까? 그러니까 사람이 본능적으로 그쪽으로 가는 거예요. 개인은 그나마 괜찮은데, 국가까지 그렇게 되어버리면 전체적으로 나쁜 방향으로 가고 있는데도 사람들이 그 길을 좋아하는 거예요.

18세기에 애덤 스미스가 《국부론》을 저술하면서 중상주의를 비판했죠. 중상주의란 것이 상업을 중시한다는 것 아닙니까? 중상주의는 단순한 논리죠.

나라가 잘사는 길은 무엇인가?

⇩

금과 은을 외국에서 많이 가져오는 것이다.

⇩

그러려면 수출은 많이 하고 수입을 적게 해야 된다.

⇩

수입에 관세를 매겨서 우리 같은 독점 사업가들한테
독점력을 줘야만 한다.

⇩

나라가 잘살게 된다.

왕이 들어보니 이 말이 맞거든요. 그 말이 상식적으로 맞다고 생각하니까 수입업자들에게 독점을 준 거예요. 그 수입업자들은 땅 짚고 헤엄치기로 돈을 막 버는 거죠. 그런데 그것이 애국하는 길이라고 선전하는 거예요. 이것이 중상주의예요.

그것을 애덤 스미스는 다음과 같이 깨부수잖아요.

"중상주의라는 것은 독점자의 배를 불리기 위한 하나의 술책이고, 정경유착이 된 것이다."

그래서 그걸 없애는 '경쟁'을 도입하게 된 것 아니겠습니까? 결국은 이런 가짜 뉴스나 루머 같은 것에 빠지지 않을 수 있는 깨어 있는 전문성 있는 집단이 필요할 거 같아요. 사회적으로 그런 집단이나 지식인 전문가들의 역할이 커지는 거죠. 가짜 뉴스를 대체할 수 있는 시장이나 전문성, 이런 게 동시에 개발되어야 할 것 같다는 생각이 드네요.

이진우 말씀을 듣고 나니 갑자기 생각나는 게 있습니다. 예컨대 절대적 인지편향을 어느 정도 방어할 수 있는 것 중 하나가 다양성이라는 거잖아요. 오늘날 디지털 사회가 되다 보니 1인 방송도 생기고, 1인 출판사도 있는 것처럼, 사실은 마음만 먹으면 다양한 정보를 얼마든지 얻을 수 있어요. 예컨대 극우적인 성향의 유튜버도 있을 수 있고,

극좌적인 성향의 유튜버도 있을 수 있지만, 제가 보기엔 시장이 어느 정도 자정 역할을 하고 있어요. 왜냐하면 어느 사이트이건 극우야, 혹은 극좌야, 이렇게 표식이 달린다는 것이 어느 정도 자정의 역할을 하는 거라고 보거든요. 그런 의미에서 우리가 살고 있는 21세기에는 다양한 정보들이 범람하잖아요? 이 가짜 뉴스, 또는 탈진실이라는 것이 철학적인 관점에서 보면 허무주의 시대의 영향이라고 생각합니다. 왜냐하면 절대적 진리라는 건 존재하지 않다는 것을 오늘날 시민들은 모두 체감하고 있어요. 그러다 보니 다양한 의견들이 나올 수 있다는 거죠.

그러면 무엇이 진실이냐? 오늘날 문제가 되는 수많은 탈진실, 또는 소위 말하는 허위 정보, 이런 것들도 완전히 틀린 건 없어요. 완전히 틀리면 아예 사회적으로 유통이 안 돼요. 약간 진실한 정보도 끌어당기는 브랜딩이 아주 잘돼 있는 거예요. 이것을 가려낼 수 있는 전문적인 플랫폼이라든가 전문적 집단, 아니면 개인 판단력의 성숙이라든가 하는 것이 필요하지 않나 싶습니다. 이것과 연관되어 오늘 장대익 교수님의 발표 중에 아주 흥미로운 것이 있었는데 이미 실험을 하셨다고 하셨어요. 어떤 공동체 집단의 밀도가 높으면 높을수록 인지편향의 가능성이 높아진다는 것인지요?

장대익 그렇죠.

이진우 우리나라는 상당히 집단주의적인 사회 아닙니까? 그러니까 인지편향의 가능성도 훨씬 더 높을까요?

장대익 저희가 이세돌, 알파고 대국 때 어떠한 네트워크를 가진 사람이 이와 같이 아직 일어나지 않은 사건에 대해서 올바른 인식을 할까 실험을 해봤어요. 저희 가설은 자기 주변 친구들이 서로 잘 아는 관계라면 사실 5명이 있다고 하더라도 견해가 하나로 뭉칠 가능성이 높잖아요. 그런 친구들은 새로운 것들을 잘 예측하지 못할 수도 있다고 설명할 수 있습니다. 다양한 견해를 못 들었기 때문이죠. 그것보다는 네트워크의 밀도가 낮은 사람, 그래서 5명의 인풋이 제각각 독립적인 사람들이 오히려 새로운 사실을 잘 예측할 것이라고 예상하는 거죠. 그래서 그런 결과가 나온 거예요.

생각해보면 우리가 어떤 동조를 일으킬 때 내 주변 사람들이 비슷한 생각을 한다거나 예스맨들이 너무 많으면 네트워크 차원에서 올바른 판단을 하는 데 더 안 좋은 영향을 주는 거죠. 그래서 그런 결과가 이런 탈진실, 뉴에포데믹과 연관되어 있다는 재미난 실험 결과였습니다.

이진우 그런 사회심리적 결과를 듣고 나니 좀 더 위험하다는 생각이 드는데요. 왜냐하면 코로나19 팬데믹 시대에 살다 보면 우리가 믿을 수 있는 사람만 만나잖아요. 낯선 사람은 전부 잠재적 보균자이고 감염자일 수 있다고 생각하니까요. 저 사람은 믿을 수 있어, 적어도 자기 건강관리는 할 수 있는 사람이야, 이런 판단이 서는 사람들만 만나는 거죠.

결과적으로 포스트코로나 사회에서는 오히려 같은 성향, 예를 들어 라이프 스타일도 비슷한 사람들, 사회적 밀도가 더 높은 사람들을 만날 가능성이 더 크죠. 이 사실은 어떻게 보면 코로나19가 우리의 인지적 편향을 더 심화하고 악화할 수도 있다고 볼 수 있지 않을까요?

김병연 비대면으로 만나는 SNS에서도 자기편향이 일어나면 오프라인, 온라인 전부 다 그런 식이지요.

장대익 아까 다른 이야기로 새로울 게 없다는 말씀도 하셨지만 또 한편으로 저는 조금 새로운 부분이 있는 거 같아요. 코로나19 상황도 새로운 부분이 있지만 또 한편으로는 알고리즘의 영향을 전 세계 사람들이 동시에 받는 상황이라서 지금 내전을 걱정하는 사람도 있습니다. 이미지 기반의 SNS인 핀터레스트(Pinterest)의 창업자 벤 실버만은 멀지 않은 미래에 어떤 갈등이 일어날 것 같냐고 물으니 이런 SNS를 통해서 내전 같은 극한 상황도 일어날 가능성이 있다고 비관적으로 보기도 했어요.

한준　사실 계몽이라고 하는 것은 종교의 꿈으로부터 깨어나는 것 아니겠습니까? 그런데 저희가 과거 이전으로 다시 돌아가는, 어떻게 보면 종교전쟁의 시대로 회귀할 수도 있는 거죠.

장대익　무정부주의로 돌아갈 수 있는 거죠.

한준　그래서 집단지성이라고 하는 것들이 디지털 시기 초기에 가졌던 하나의 이상이었는데 장 교수님 말씀을 듣고 보니 집단도 집단 나름이구나, 하나로 똘똘 뭉친 집단은 집단지성이 발휘되지 않는 것이구나 싶어요. 그렇게 생각해도 되는 거겠지요?

이진우　그러니까 팬데믹을 거치면서 많은 정치학자들이 분석하고 진단하는 것처럼 부족주의가 더 심화된다고 하잖아요? 그런데 오늘 교수님 발표를 들으니 심화하면 할수록 사실은 건전한 목소리가 제대로 들리지 않는 거죠. 리원량 안과의사의 말이 다시 생각나네요. "건강한 사회에 한 목소리만 존재해서는 안 된다."

　결과적으로는 우리가 포스트코로나 사회에 어떤 방향을 설정해야 되지 않을까 하는 생각을 해봅니다.

　지금까지 아주 오랜 시간 동안 코로나19와 한국 사회가 어떻게 변할 것인가에 대해 토론해왔는데 마감 정리를 해야 할 것 같습니다. 돌아가면서 간단하게 코로나19가 우리 사회에 어떤 영향을 미쳤는지, 그리고 우리가 이 문제를 어떻게 대처할 것인지를 한마디씩 해주시는 걸로 좌담회를 정리할까 합니다.

주경철 중간에 우리가 많이 이야기했지만 이 팬데믹이라고 하는 것이 기존의 좋은 점, 선한 것, 악한 것들을 굉장히 강화하고 가속화하는 성향이 있지 않나 생각하게 됩니다. 팬데믹으로 우리가 다양한 차원에서 문제들에 대해 고민해볼 수 있는 계기가 됐다는 점에서 긍정적인 측면으로 삼아야 된다고 생각합니다.

김병연 지금은 위험하다는 생각을 해야 할 것 같습니다. 즉, 경제적 불평등 측면인데요. 제가 말씀드린 대로 민주주의 시대 이전에 불평등 정부와 비슷한 불평등이 존재했고, 그다음에 오늘 말씀하신 인포데믹이 겹치면 민주주의 자체가 위험할 수 있다는 생각을 해야 합니다. 아마 자기를 돌아보면서 동시에 우리 사회를 돌아보는 성찰이 더 중요해질 것 같습니다. 그래서 상황이 위험하다는 인식들을 강하게 할 때가 아닌가 싶습니다.

한준 불안한 마음이 결국 불신을 낳게 되는 것 같습니다. 그러다 보면 자기와 다른 사람을 배척하게 되는 거죠. 낯선 것에 대한 두려움이 적어지고 내가 나를 지킬 수 있다고 생각된다면 신뢰를 조금 더 높여가면서 우리가 사회적으로 분열되지 않는 힘을 길러야 하지 않겠나 하는 생각입니다.

장대익 중세를 무너뜨린 게 여러 가지 있지만 가장 큰 원인이 흑사병이라고 하지 않습니까? 그래서 봉건제도가 무너지고 르네상스가 등장했는데 지금 코로나19도 어떤 면에서는 새로운 시대를 여는 계기가 될 수도 있다고 봅니다. 교육이든 불평등 이슈든, 모든 것들을 다시 생각해보고 뭔가 해결책을 찾아가는 계기로 삼는 변곡점이 되면 좋겠습니다.

이진우 사실 코로나19가 아직 사라지지도 않았고 여전히 조심해야 될 단계인데요. 우리가 코로나19로 인한 팬데믹을 생각해보면 과거에도 수많은 전염병이 있었지만 전 세계, 지구공동체가 자가격리를 하는 이런 전염병은 아마 최초가 아닐까 합니다. 이런 점에서 바이러스가 사라진다고 하더라도 발발하기 이전의 사회로 되돌아가기는 힘들 것 같다는 생각은 듭니다.

주 교수님께서 말씀하신 것처럼 사실 기존의 사회는 변화해가고 있었고, 그것이 좋은 점과 나쁜 점 모두 가속화하는데 나쁜 점보다는 좋은 점이 많이 가속화하면 좋겠다는 생각이 듭니다. 사실 누구나 다 동의하는 문제이겠지만 코로나19로 인해서 그동안 우리가 미처 보지 못했거나 잊고 있었거나 간과했던 측면들을 다시 한 번 생각해보는 계기가 된 것은 틀림없습니다.

이번 좌담회는 사실 코로나19와 한국 사회의 변화가 직접적으로 연결되어 있는지를 성찰해보는 시간이었습니다. 이 좌담회가 조금이나마 그런 성찰의 기회를 제공했기를 바랍니다. 이로써 '팬데믹과 한국 사회의 대전환'이라는 주제의 좌담회를 모두 마무리하도록 하겠습니다. 여러분 그동안 고생 많으셨습니다. 감사합니다.

팬데믹과
한국 사회의 대전환

초판 1쇄 인쇄 2021년 6월 21일
초판 1쇄 발행 2021년 6월 30일

엮은이 포스텍 박태준미래전략연구소
기획 정기준 김지은
펴낸이 이범상
펴낸곳 (주)비전비엔피 · 비전코리아

기획 편집 이경원 현민경 차재호 김승희 김연희 고연경 최유진 황서연 김태은 박승연
디자인 최원영 이상재 한우리
마케팅 이성호 최은석 전상미
전자책 김성화 김희정 이병준
관리 이다정

주소 우) 04034 서울특별시 마포구 잔다리로7길 12 (서교동)
전화 02) 338-2411 | **팩스** 02) 338-2413
홈페이지 www.visionbp.co.kr
인스타그램 www.instagram.com/visioncorea
포스트 post.naver.com/visioncorea
이메일 visioncorea@naver.com
원고투고 editor@visionbp.co.kr

등록번호 제313-2005-224호

ISBN 978-89-6322-015-4 03320

도서에 대한 소식과 콘텐츠를
받아보고 싶으신가요?